दिव्यांगजन अधिकार अधिनियम 2016
के अन्तर्गत
निशक्तता के 21 प्रकार
उनकी पहचान एवं उपचार

दिव्यांगजन अधिकार अधिनियम 2016
के अन्तर्गत
निशक्तता के 21 प्रकार
उनकी पहचान एवं उपचार

अराधना मटानिया

कनिष्क पब्लिशर्स, डिस्ट्रीब्यूटर्स
नई दिल्ली-110 002

कनिष्क पब्लिशर्स, डिस्ट्रीब्यूटर्स
4697/5–21 ए, अंसारी रोड, दरियागंज
नई दिल्ली–110 002
फोन: 2327 0497, 2328 8285
फैक्स : 011–2328 8285
E-mail: kanishka_publishing@yahoo.co.in

दिव्यांगजन अधिकार अधिनियम 2016 के अन्तर्गत निशक्तता के 21 प्रकार उनकी पहचान एवं उपचार
प्रथम संस्करण–2020

भारत में मुद्रित

कनिष्क पब्लिशर्स, डिस्ट्रीब्यूटर्स 4697/5–21 ए, अंसारी रोड, दरियागंज, नई दिल्ली–110 002 से मदन सचदेवा द्वारा प्रकाशित; क्वालिटी प्रिंटर्स, दिल्ली द्वारा शब्द–संयोजन तथा नाइस प्रिंटिंग प्रेस, दिल्ली द्वारा मुद्रित।

आभार

Acknowledgement

प्रस्तुत पुस्तक के प्रकाशन हेतु दिव्यांगता के क्षेत्र में कार्यरत अनेकों विशेषज्ञों का सहयोग प्राप्त हुआ है। जिसमें अपने सभी डी.एस.ई.एम.आर. बी.एड., एम.एड. के सभी शिक्षकगण, रा.व.मा.वि. के प्रधानाचार्य मुकेश कुमार, विशेष शिक्षक अरविन्द कुमार, राजधानी रफ्तार के सम्पादक अनूप मिश्रा का सहयोग प्राप्त हुआ है। ये सभी दिव्यांगता के क्षेत्र में कार्य करने का चुनौतीपूर्ण अनुभव रखते है। मैं उनके अनुभवी सहयोग एवं योगदान हेतु विशेष आभार व्यक्त करती हूँ।

अंत में एक बार पुनः में सभी विषय विशेषज्ञों के प्रति उनके द्वारा दिए गए सुझाव, प्रोत्साहन, शैक्षणिक सामग्री इत्यादि के लिए हृदय से आभार व्यक्त करती हूँ।

अराधना मटानिया

भूमिका
Preface

हमारे देश में दिव्यांगता से ग्रसित व्यक्तियों का शिक्षण, प्रशिक्षण, पुनर्वास एवं सामाजिक समायोजन एक चुनौतीपूर्ण विषय है। इसके लिए सरकारी एवं गैर–सरकारी हर स्तर पर प्रयास जारी है। इनके लिए विभिन्न प्रकार की सेवाएं प्रदान करने के लिए विशेष विद्यालय, समेकित विद्यालय एवं समावेशित विद्यालय खोले गए है। इस क्षेत्र में कार्य करने वाले लोगों की कमी को दूर करने के लिए अनेकों जनशक्ति कार्यक्रम चलाए जा रहे है।

दिव्यांगजन अधिकार अधिनियम 1995 में केवल 7 प्रकार के दिव्यांगों को शामिल किया गया था परन्तु PWD ACT 1995 को निरस्त कर, दिव्यांगजन अधिकार अधिनियम 2016 में 21 प्रकार के दिव्यांगों को शामिल कर उनको विभिन्न प्रकार की सेवाएं, अधिकार प्रदान किया गया है। इन 21 प्रकार की दिव्यांग सेवाओं एवं अधिकारों की इस पुस्तक में चर्चा की गई है।

अराधना मटानिया

अनुक्रमणिका

I

दिव्यांगजन अधिकार अधिनियम, 2016

27 दिसंबर 2016 को भारत के राष्ट्रपति ने दिव्यांगजन अधिकार पर हस्ताक्षर किये और दिव्यांगता के क्षेत्र में एक नया कानून बना दिया; जिससे निःशक्त जन अधिनियम, 1995 को निरस्त कर उसका स्थान इस नए कानून ने ले लिया।

संयुक्त राष्ट्र महासभा ने 13 दिसम्बर 2006 को दिव्यांगजनों के अधिकारों पर उसके अभिसमय को अंगीकृत किया था। जिस पर भारत ने भी हस्ताक्षर किये थे। इसलिए उसके बिंदुओं को ध्यान में रख कर के इस नए कानून को यूएनसीआरपीडी के आधार पर बनाया गया है।

कानून की विशेषताएं

- **दिव्यांगता की परिभाषा में बदलाव**
  1. दिव्यांगजन अधिकार अधिनियम, 2016 में दिव्यांगता की परिभाषा में बदलाव लाते हुए इसे और भी व्यापक बनाया गया है।
  2. इस अधिनियम में दिव्यांगता को एक विकसित और गतिशील अवधारणा के आधार पर परिभाषित किया गया है और अपंगता के मौजूदा प्रकारों को 7 से बढ़ाकर 21 कर दिया गया है।
  3. साथ ही केंद्र सरकार को इन प्रकारों में वृद्धि की शक्ति भी दी गई है।

- **आरक्षण प्रतिशत में वृद्धि**

1. शिक्षा और सरकारी नौकरियों में दिव्यांग व्यक्तियों को अब तक 3% आरक्षण दिये जाने की व्यवस्था की गई थी, लेकिन इस अधिनियम में इसे बढ़ाकर 4% कर दिया गया है।

   (क) अंध और निम्न दृष्टि; 1%

   (ख) बधिर और श्रवण शक्ति में ह्रास; 1%

   (ग) चलन दिव्यांगता जिसके अंतर्गत प्रमस्तिष्क घात, कुष्ठ, बौनापन, तेजाब आक्रमण के पीड़ित और पेशीय कुपोषण भी है; 1%

   (घ) स्वालीनता, बौद्धिक दिव्यांगता, विशिष्ठ अधिगम दिव्यांगता और मानसिक रुग्णता; 1%

   (ङ) प्रत्येक दिव्यांगता के लिए पहचान किये गए खंड क से खंड घ के अधीन व्यक्तियों में से बहु–दिव्यांगता जिसके अंतर्गत बधिर, अंधता भी है।

- **शिक्षा संबंधी सुधार**

1. इस अधिनियम में बेंचमार्क दिव्यांगता (Benchmark-Disability) से पीड़ित 6 से 18 वर्ष तक के बच्चों के लिये निःशुल्क शिक्षा की व्यवस्था की गई है।
2. साथ ही सरकारी वित्त पोषित शैक्षिक संस्थानों और सरकार द्वारा मान्यता प्राप्त संस्थानों को दिव्यांग बच्चों को समावेशी शिक्षा प्रदान करनी होगी।

- **फंड की व्यवस्था**

1. दिव्यांगजनों को वित्तीय सहायता प्रदान करने के लिये 'राष्ट्रीय और राज्य निधि' (National and State Fund) का निर्माण किया जाएगा।
2. उल्लेखनीय है कि इस संबंध में बनाए गए अन्य फंडस का इस नए फंड में विलय कर दिया जाएगा।

- **अवसंरचना संबंधी सुधार**

1. सुलभ भारत अभियान को मजबूती प्रदान करने एवं निर्धारित समय–सीमा में सार्वजनिक इमारतों (सरकारी और निजी दोनों) में दिव्यांगजनों की पहुँच सुनिश्चित करने पर बल दिया गया है।

- **गार्डियनशिप की व्यवस्था**
  1. यह विधेयक जिला न्यायालय द्वारा गार्डियनशिप की व्यवस्था प्रदान करता है जिसके तहत अभिभावक और दिव्यांग व्यक्तियों के बीच संयुक्त निर्णय लेने की व्यवस्था होगी।
- **बेंचमार्क दिव्यांगता के लिये विशेष प्रावधान**
  1. इस अधिनियम में बेंचमार्क दिव्यांगता यानी न्यूनतम 40 फीसदी दिव्यांगता के शिकार लोगों को शिक्षा और रोजगार में आरक्षण का लाभ देने का भी प्रावधान है और ऐसे लोगों को सरकारी योजनाओं और अन्य प्रकार की योजनाओं में भी प्राथमिकता दी जाएगी।
- **अन्य महत्वपूर्ण प्रावधान**
  1. दिव्यांगजनों के अधिकारों के उल्लंघन से संबंधित मामलों के निपटाने के लिये प्रत्येक जिले में विशेष न्यायालयों को नामित किया जाएगा।
  2. नया अधिनियम इस संबंध में भारत में बनने वाले कानूनों को दिव्यांग व्यक्तियों पर संयुक्त राष्ट्र सम्मेलन (यूएनसीआरपीडी) के उद्देश्यों के सापेक्ष ला खड़ा करेगा।
  3. भारत यूएनसीआरपीडी का एक हस्ताक्षरकर्त्ता देश है और यह अधिनियम यूएनसीआरपीडी के संदर्भ में भारत के दायित्वों को पूरा करेगा।

II

दिव्यांगजन अधिकार अधिनियम, 2016 के अन्तर्गत निशक्तता के 21 प्रकार

Types of Disabilities Covered under Rights of Persons with Disability Act 2016

1. Intellectual Disability (बौद्धिक दिव्यांगता)
2. Locomotor Disability (शारीरिक दिव्यांगता)
3. Cerebral Palsy (प्रमस्तिष्कीय पक्षाघात)
4. Muscular Dystrophy Disease (पेशीय दुष्पोषण)
5. Multiple Disabilities including Deaf-blindness (बहु–दिव्यांगता, बधिरांधता सहित)
6. Autism Spectrum Disorder (स्वलीनता)
7. Mental Illness (मानसिक रुग्णता)
8. Blindness (दृष्टिहीनता)
9. Hearing Impairment (Deaf and Hard of Hearing) (श्रवण बाधिता)
10. Dwarfism (बौनापन)
11. Leprosy Cured (कुष्ठ रोग)
12. Specific Learning Disabilities (विशिष्ट अधिगम दिव्यांगता)

13. Low-vision (अल्प दृष्टि)
14. Acid Attack Victim (तेजाब हमला पीड़ित)
15. High Hearer (ऊँचा सुनने वाला व्यक्ति)
16. Speech and Language Disability (वाक् एवं भाषा दिव्यांगता)
17. Multiple Sclerosis (मल्टीपल स्कलेरोसिस)
18. Parkinson's Disease (पार्किंसंस रोग)
19. Hemophilia (अधि रक्तस्राव)
20. Thalassemia (थैलेसीमिया)
21. Sickle Cell Disease (रक्त अल्पता रोग)

1. Intellectual Disability: बौद्धिक दिव्यांगता

"बौद्धिक दिव्यांगता से ऐसी स्थिति जिसकी विशेषता बौद्धिक कार्य तार्किक शिक्षण समस्या समाधान और अनुकूलित व्यवहार दोनों में महत्वपूर्ण कमी होना है जिसके अंतर्गत दैनिक सामाजिक और व्यवहार कौशलों की रेंज है।"

–दिव्यांगजन अधिकार अधिनियम, 2016

मानसिक मंदता एक ऐसी समस्या है जो किसी के भी विकास को प्रभावित करती है। यह समस्या बच्चे के विकास वर्षों यानी 0 से 18 साल के दौरान प्रकट होती है। इस समस्या से जूझ रहे बच्चे की सीखने की क्षमता

और बुद्धिमत्ता अपनी उम्र के अन्य बच्चों के मुकाबले बहुत कम होती है। अपनी इसी अक्षमता के चलते पीड़ित सामान्य रूप से कार्य करने में भी असमर्थ रहते हैं। यह समस्या जन्म से अथवा बचपन से ही पीड़ित में मौजूद रहती है। इस समस्या के कई कारण होते हैं और इसका असर बेहद कम से बहुत अधिक तक होता है। जो लोग मानसिक रूप से मंद होते हैं, उनको कई कार्यों में समस्याएं हो सकती है।

परिभाषा

मानसिक मंदता का तात्पर्य मस्तिष्क के अपूर्ण या सीमित विकास से है जिसके कारण व्यक्ति के बौद्धिक क्षमता में असामान्यता दिखाई पड़ती है।

(AAMR 1983) मानसिक मंदता का तात्पर्य सामान्य अर्थपूर्ण कमी से है। जिसके परिणामस्वरूप अनुकूलन व्यवहार में क्षति होती है और यह विकास की अवधि के दौरान अभिव्यक्त होता है।

(AAMR 2002) मानसिक मंदता एक अक्षमता है जिसमें बौद्धिक क्रियात्मकता एवं अनुकूल व्यवहार सीमित हो जाते है जो वैचारिक, सामाजिक तथा व्यावहारिक कौशलों में प्रदर्शित होती है। यह अक्षमता 18 वर्ष से पूर्व प्रकट होती है।

Intellectual Disability Means a condition of arrested or incomplete development of mind of a person which is specially characterized by subnormally of intelligence.

यह एक ऐसी अवस्था है जिसे बदला नही जा सकता इसमें सुधार किया जा सकता है। ये अवस्था 0 से 18 साल के बीच हो सकती है।

Types of Intellectual Disability

There are Three Types of Intellectual Disability

1. Psychological मनोवैज्ञानिक
2. Educational शैक्षणिक
3. Medical चिकित्सीय

Psychological
Mild 50-69
Moderate 35-49
Severe 20-34
Profound Below 20

1. **माइल्ड**–बच्चों की मानसिक आयु 9 से 11 वर्ष तथा बुद्धिलब्धि 50 से 70 है। 5–6 कक्षा तक यह शिक्षण ग्रहण करने योग्य होते है। संप्रेषण एवं व्यवसायिक कौशल भी इन्हें सीखाया जा सकता है। इन सब बच्चों में मस्तिष्क की दोष, शरीर की बनावट, संवेदी अंगों की क्षीणता में कमी नही पाई जाती है। इन्हें सामान्य व्यक्ति से अलग करना मुश्किल होता है।
2. **मॉडरेट**–इन बच्चों की मानसिक आयु 4 से 7 साल तक होती है इनकी बुद्धिलब्धि 35 से 49 एवं यह 2 कक्षा तक पढ़ाई कर पाते है। इनका गामक विकास सामान्य होता है। इन्हें सामाजिक, स्वयं देख–रेख संप्रेषण, व्यवसायिक कौशल सीखाया जा सकता है। 100 प्रतिशत मंदबुद्धियों में 10 प्रतिशत मॉडरेट स्तर के होते है।
3. **सिविअर**–इन बच्चों की मानसिक आयु 4 साल तक होती है इनकी बुद्धिलब्धि 20 से 34 एवं इनमें गामक समस्याएं पाई जाती है। वाणी का विकास कम होता है। इन्हें हमेशा देखभाल की आवश्यकता होती है।
4. **प्रोफाउण्ड**–यह पूर्णतः आश्रित होते है। विकास के हर क्षेत्र में मंदता पाई जाती है। इनमें संवेदी गामक कमियां होती है। इनकी मानसिक आयु 2 वर्ष तक होती है। इनकी बुद्धिलब्धि 20 से कम होती है।

Educational Classification

1. Educable
2. Trainable
3. Custodial Group

1. **Educable**–इनकी शिक्षणीय बुद्धिलब्धि 50 से 70 है तथा इन्हें शिक्षण कार्य के द्वारा सामाजिक कौशल सीखाया जा सकता है।

इन्हें आत्मनिर्भर बनाकर समाज की मुख्यधारा में व्यवस्थित किया जा सकता है। यह 1 से 5 कक्षा तक पढ़ने की योग्यता रखते है। यह दैनिक, व्यक्तिगत एवं सामाजिक कार्यों को अच्छी तरह से कर सकते है।

5. **Trainable**–इनकी बुद्धिलब्धि 35 से 50 होती है तथा यह 1 से 2 कक्षा तक शिक्षण ग्रहण करने योग्य होते है। यह अपना नाम, पता आदि लिख लेते है। इन्हें दैनिक क्रियाओं एवं व्यवसायिक कौशलों में प्रशिक्षित कर रोजगार के योग्य बनाया जा सकता है।

6. **Custodial Group**–इनकी बुद्धिलब्धि 35 से नीचे है इन्हें हमेशा विशेष देख रेख की जरूरत पड़ती है। इनमें विकासात्मक पिछड़ापन पाया जाता है। इन्हें गामक कौशलों के लिए उपकरण की जरूरत पड़ती है इन्हें ADL का प्रशिक्षण दिया जाना अधिक आवश्यक है।

Medical

इनके अंतर्गत मानसिक मंदता को उनके होने वाले कारणों के आधार पर वर्गीकृत किया जाता है। जो गर्भधारण से पहले से लेकर जन्म के उपरान्त तक के शारीरिक व मानसिक कारकों पर आधारित है।

1. **संक्रमण एवं मादक द्रव्य संबंधित**–रूबेला, साइटोमेगालिफ, हारपरिसिफलिस, चिकनपोक्स आदि बिमारियां गर्भावस्था के दौरान माँ को लग जाती है। जिससे प्लैसेन्टल बाधा को पार करके शिशु को मानसिक दुर्बलता पहुँचाती है। यह मुख्यतः प्रकार के संक्रमण के कारण दिखाई देता है।

   a. मेनिंजाइटिस
   b. इन्सेफालाईटिस।

2. **उपापचय और भोजन सम्बन्धी**–इससे संबंधित मानसिक दिव्यांगता में फिनाइलएलेनिन नामक अमीनो अम्ल के उपापचयी गड़बड़ी के कारण फीनाइल कीटुनोरिया और ग्लेम्येसीनिया होता है। अतः कुपोषण के कारण भी मस्तिष्क सही ढंग से विकसित नही हो पाता है। जिससे मानसिक मंदता हो सकती है।

3. **मनोचिकित्सीय विकृतियां**–गर्भावस्था के दौरान माँ को कुछ मानसिक तनाव एवं दुर्बलता के परिणामस्वरूप स्वालीन व्यवहार सोताफीनिया,

मेनिया डिप्रेशन इत्यादि की शिकायत होती है तो इससे गर्भ में पल रहे बच्चों के मस्तिष्क का विकास भी प्रभावित होता है।

4. **गुणसुत्रीय असमानताएं**—गुणसुत्रों की असमानताओं से प्रभावित वृहद संख्या में मानसिक दिव्यांग देखने में मिलती है। विभिन्न प्रकार के सिंड्रोम आते है।
5. **गर्भावस्था की विकृतियां**—गर्भाशय ठीक से विकसित नही होता। उसमे टयूमर तथा कैंसर जैसी बीमारी भी होती है। इसके कारण शिशु मानसिक दिव्यांग हो सकता है।
6. **प्रसवपूर्व अज्ञात कारक**—कुछ ऐसे कारक भी होते है जिसका कोई इतिहास नही होता। ऐसी दशा में प्रसवपूर्व या अनुवांशिकीय कारण अथवा वातावरणीय कारकों का उत्तरदायी मान लिया जाता है। ये तीन दशाओं मे देखने को मिलते है।

   A. Microcephalis
   B. Hydrocephalis
   C. Avtes syndrome
7. **मस्तिष्क की बिमारियां**—ब्रेन टयूमर एवं अन्य मस्तिष्कीय बिमारियों से मस्तिष्क के विकास का ह्रास होता है और बच्चा मानसिक दिव्यांग हो जाता है।
8. **मानसिक एवं शारीरिक कारक**—यह अवस्था जन्म के पहले, जन्म के समय एवं जन्म के बाद हो सकती है इसमें अनेक कारक सहायक होते है। इसमें अनेक कारक काम करते है जैसे—चोट, विकिरण, एनीमिया, प्लेसेंटा में असमान्यता, अंतः स्त्रावी ग्रन्थियों एवं मानसिक तनाव में मस्तिष्क की कोशिका की क्षतिग्रस्तता इत्यादि इसमें मानसिक क्रियाओं के साथ ही साथ शारीरिक क्रियाओं पर भी प्रभाव पड़ता है।
9. **वातावरणीय कारक**—गरीबी के कारण कुपोषण, अज्ञानता, अशिक्षा जैसी समस्या होती है। जिसमें टीकाकरण का अभाव बच्चों का जन्म इत्यादि के कारण भी ज्यादातर बच्चे मानसिक मंद होते है।
10. **अन्य कारक**—इसके अतिरिक्त भी कुछ ऐसे कारक है जिनसे बच्चों के मस्तिष्किय विकास में गिरावट एवं मानसिक मंदता देखी जाती है जैसे गर्भवती महिला को मिर्गी का दौरा पड़ना, बच्चे को मिर्गी का दौरा आना इत्यादि।

मानसिक मंदता के लक्षण

Characteristics of Intellectual Disability

1. **धीमी प्रतिक्रिया**–मंदबुद्धि व्यक्तियों की प्रतिक्रिया सामान्य व्यक्तियों से धीमी होती है। कभी–कभी ये प्रतिक्रिया भी नहीं कर पाते है।
2. **स्पष्टता का अभाव**–अपने विचार, आवश्यकताएं और भावनाएं व्यक्त नहीं कर पाते।
3. **सीखने में धीमापन**–यह लोग धीरे–धीरे ही सीख पाते है।
4. **कम समझ**–समझने में भी धीमापन दिखाई देता है।
5. **निर्णय लेने की क्षमता में कमी**–मंदबुद्धि व्यक्ति या तो निर्णय नही ले पाते या निर्णय लेने में अधिक विलम्ब करते है।
6. **एकाग्रता का अभाव**–मंदबुद्धि व्यक्तियों को किसी गतिविधि पर ध्यान केन्द्रित करने में समस्या होती है। उन्हें एक गतिविधि से दूसरे पर जाना भी कठिन होता है।
7. **जल्दी गुस्सा करना या नियंत्रण खो बैठना**–मंदबुद्धि व्यक्ति अपने संवेगों पर नियंत्रण नहीं रख पाते है।
8. **याद रख पाने में कमी**–मंदबुद्धि व्यक्तियों में सीखने की क्षमता में कमी पाई जाती है तथा सीखे गए कौशलों को याद रखने में समस्या होती है।
9. **समन्वय का अभाव**–शरीर के विभिन्न अवयवों और उनके क्रियाकलापों में समन्वय रख पाना मुश्किल होता है। क्रियाएं समायोजित नहीं हो पाती है। निराशा, चिड़चिड़ापन या अवांछनीय व्यवहार अधिक दिखाई देने लगता है।
10. **विकास में देरी**–सामान्य अवस्था के अनुकूल क्रियाओं को न कर पाना, जो एक सामान्य बालक से अपेक्षित है। मंदबुद्धि व्यक्ति वास्तविक आयु के विकास के अनुपात में पीछे रह जाते हैं।

Causes: Pre-Natal, Natal, Post Natal

मानसिक मंदता के कारण

मानसिक मंदता होने के कई कारण जिम्मेदार होते है। जिसमें से मुख्य रूप से दो कारण होते है।

1. जीव विज्ञानी कारक/अनुवांशिक कारक
2. वातावरणीय कारक

1. **जीव विज्ञानी कारक/अनुवांशिक कारक**–यह अनुवांशिक कारणों से होता है जो कि गर्भाधान से पूर्व भ्रूण को प्रभावित करते है। जीव विज्ञानी कारक के अंतर्गत शरीर के जीव विज्ञान, कार्बनिक निर्माण के कमी के कारण अनुवांशिक अन्य जन्मजात लक्षण इसके साथ उपापचयी दोष एवं अन्य शारीरिक जटिलताओं वाले लक्षण इसमें दिखते है।
2. **वातावरणीय कारक**–इसमें वो कारक होते है जो वातावरणीय या सामाजिक होते है। इसमें गर्भाधान, गर्भावस्था प्रसव के बाद आदि सभी कारण आते है।

मानसिक मंदता की अवस्थाएं

मानसिक मंदता की मुख्यतः चार अवस्थाएं होती है–

1. गर्भधारण के पूर्व कारण
2. गर्भावस्था
3. प्रसव के समय
4. जन्म के बाद

गर्भधारण के पूर्व कारण

a. माँ की आयु
b. माँ का स्वास्थ्य
c. अनुवांशिक या वंशानुगत
d. रक्त सम्बन्ध में विवाह
e. रक्त संबंधित कारक
f. संक्रमण
g. बुरी आदतें जैसे नशा आदि।

गर्भावस्था के दौरान कारण

इस स्थिति को जन्म के पूर्व या प्रीनेटल कारक भी कह सकते है। इसमें 9 माह के दौरान गर्भावस्था के समय कोई भी समस्या हो तो गर्भस्थ शिशु को मानसिक दिव्यांगता हो सकती है।

a. गर्भावस्था के दौरान संक्रमण
b. माँ की मानसिक स्थिति
c. गर्भवती महिला का दुर्घटना का शिकार होना
d. गर्भपात के प्रयास के कारण
e. कुपोषण के कारण
f. बहुगर्भ की स्थिति
g. अनावश्यक दवा के सेवन के कारण
h. क्षय किरणों के विकरण के कारण

प्रसव के समय

कुछ ऐसे कारक है जो यदि प्रसव के समय हो जाए तो संभव है कि बच्चा मानसिक मंद हो सकता है इसके निम्न कारण है–

a. सिर पर चोट लग जाने के कारण
b. पीलिया
c. संक्रमण
d. जन्म के समय न रोना
e. अन्य बिमारियाँ
f. अपरिपक्व शिशु का जन्म
g. अधिक परिपक्व शिशु का जन्म
h. अधिक रक्तस्त्राव होने के कारण
i. नाभि नाल का गर्दन में लिपटा होने के कारण
j. नाभि नाल गाँठ युक्त होने से
k. जन्म भार में कमी।

जन्म के बाद

बच्चे के जन्म के बाद 10 दिनों के बाद के जो कारक होते हैं वह कारक Post Natal के अंतर्गत आते हैं–

a. चोट या दुर्घटना
b. मस्तिष्क ज्वर
c. बच्चे को कुपोषण

d. बच्चे को संक्रमण

e. बार–बार बेहोशी के दौरे आना

f. टीकाकरण के अभाव में

Prevention

बचाव–जिन कारणों द्वारा एक बच्चा मानसिक मंद हो जाता है उन कारणों से बचाव करना भी आवश्यक है। यह बचाव निम्न है।

Prenatal Prevention–गर्भावस्था में बचाव के लिए आवश्यक बातें निम्न है।

- समय–समय पर गर्भवती महिला को चिकित्सीय जाँच करानी चाहिए।
- गर्भावस्था के दौरान पर्याप्त पोषक आहार लिया जाना चाहिए।
- यदि पहले कभी गर्भपात हुआ है तो उसकी संपूर्ण जाँच करानी चाहिए।
- अप्रशिक्षित चिकित्सक से गर्भपात नहीं कराना चाहिए।
- गर्भावस्था की प्रारंभिक अवस्था में बार–बार क्षय किरणों के विकरण के प्रभाव में नही आना चाहिए।
- यदि गर्भवती महिला को बार–बार बेहोशी के दौरे आते हो या उच्च रक्तचाप हो तो समय–समय पर चिकित्सक से जाँच करानी चाहिए।
- अधिक श्रमपूर्ण कार्य जैसे भारी वजन उठाना और अन्य कारण जिससे दुर्घटना होने की संभावना हो।
- यदि पहले अनुवांशिकता की समस्या वाली कोई संतान हुई हो तो गर्भवती महिला को ऐसे प्राथमिक स्वास्थ्य केन्द्र पर जाँच करानी चाहिए। जहाँ पर ऐसी जाँच होती है।
- गर्भवती महिला को चिकित्सक की सलाह बिना कोई दवाएं नही लेनी चाहिए।

जन्म के समय के बचाव

Natal Prevention

जन्म के समय निम्न बचाव करके मानसिक मंदता को रोका जा सकता है:–

- प्रशिक्षित चिकित्सक से ही प्रसव कराना चाहिए।
- प्रसव के दौरान बच्चे के मस्तिष्क को आघात पहुंचने से बचाना चाहिए।
- असामान्य गर्भ स्थिति होने पर प्रसव प्रशिक्षित चिकित्सक को बुलाना चाहिए।
- जन्म के समय यदि बच्चे में जन्मजात असामान्यता होती है तो शीघ्र ही उसे योग्य चिकित्सक को दिखाना चाहिए।

जन्म के बाद के बचाव
Post Natal Prevention

जन्म के बाद हमें निम्न बातों का ध्यान रखना चाहिए, अन्यथा बच्चा मानसिक मंद हो सकता है–

- बच्चों को पोलियो, हैपिटाइटिस, हिस्टीरीया, टिटनेस, काली खांसी, तपेदिक जैसे संक्रामक रोगों से बचाव के लिए टीके लगाने चाहिए।
- यदि बच्चों को बेहोशी के दौरे आते हो तो उसे नियंत्रित करने के लिए चिकित्सक से दवा लेनी चाहिए।
- पर्याप्त पोषक आहार देना चाहिए, क्योंकि विकास की अवधि में कुपोषण मस्तिष्क वृद्धि के लिए हानिकारक होता है।
- बच्चे के जन्म के समय सिर छोटा या बड़ा होने पर चिकित्सक को दिखाना चाहिए।
- यदि बच्चे में 6 माह में उचित अवस्थाएं देर से प्रारंभ हो तो विशेषज्ञ से जाँच करानी चाहिए।
- जन्म के बाद तेज़ बुखार होने पर ठण्डे पानी की पट्टी एवं चिकित्सक की सलाह से दवा देनी चाहिए, जिससे बुखार अधिक न बढ़ जाए व दिमागी बुखार न बन जाए।

मानसिक मंदता के प्रति मिथ्या धारणा

1. मानसिक मंदता एक रोग है। यह ठीक हो सकती है।
2. विवाह मानसिक मंदता की समस्या का एक समाधान हैं।

3. मानसिक मंदता से प्रभावित व्यक्ति बढ़ती उम्र के साथ सामान्य हो जाते हैं।
4. मानसिक मंदता एक संक्रामक रोग है।
5. मानसिक मंदता कर्म का फल है। अतः उसके लिए कुछ नही किया जा सकता हैं।
6. मानसिक मंदित व्यक्ति को कुछ नही सिखाया जा सकता हैं।
7. मानसिक मंदता मानसिक रोग के समान हैं।

मानसिक मंदता एवं मानसिक रोग में भिन्नता

क. स.	मानसिक मंदता	मानसिक रोग
1.	मानसिक मंदता एक स्थिति है बीमारी नही।	यह एक बीमारी/ रोग/विकार हैं।
2.	मानसिक मंदता विकासात्मक अवस्था (0–18) साल के दौरान होती है।	मानसिक रोग 18 साल के बाद होता है।
3.	मानसिक मंद व्यक्ति की बुद्धि औसत बुद्धि से कम होती है।	मानसिक रोग से प्रभावित व्यक्ति की बुद्धि सामान्य या सामान्य से ज्यादा हो सकती है।
4.	मानसिक मंद व्यक्ति के शिक्षा की आवश्यकता होती है जो प्रशिक्षित व्यक्ति द्वारा दी जाती हैं।	मानसिक रोग से प्रभावित व्यक्ति को प्रशिक्षित चिकित्सक की विशेष सहायता की आवश्यकता होती है।
5.	मानसिक मंद व्यक्ति असामान्य व्यवहार को प्रदर्शित करता हैं। क्योंकि उसे सही तरीकों का ज्ञान नही होता है। उन्हें इन तरीकों को सिखाने की आवश्यकता होती है।	दिमाग को प्रभावित करने वाले रोगों के कारण मानसिक रोग से प्रभावित व्यक्ति सामान्य व्यवहार का ज्ञान होने के बावजूद अपरिचित व्यवहार को प्रदर्शित करता है।
6.	यहं पूर्ण रूप से ठीक नही किया जा सकता। शीघ्र पहचान एवं हस्तक्षेप से विकास एवं अधिगम को बढ़ाया जा सकता हैं।	शीघ्र पहचान करते हुए इसे पूर्णत ठीक किया जा सकता है।

2. Locomotor Disability: शारीरिक दिव्यांगता

"सुनिश्चित गतिविधियों को करने में किसी व्यक्ति की असमर्थता जो स्वयं और वस्तुओं की गतिशीलता से संबद्ध है जिसका परिणाम पेशीय कंकाल और तंत्रिका प्रणाली या दोनों में पीड़ा है।"

–दिव्यांगजन अधिकार अधिनियम, 2016

लोकोमोटर दिव्यांगता एक व्यक्ति की हड्डियों या मांसपेशीयों से जुड़ी विशिष्ट गतिविधियों को सीमित करती है यह दिव्यांगता जो पोलियो मेरूरज्जुशोथ, मस्तिष्क पक्षाघात, अंग–विच्छेदन और रीढ़, सिर, मुलायम ऊतकों से संबंधित विभिन्न चोटों या फ्रैक्चर इत्यादि के कारण हो सकती है।

2011 की जनगणना के अनुसार चलन निशक्तता या लोकोमोटर दिव्यांगता 20.30% है।

गामक अक्षमता

गामक अक्षमता का तात्पर्य है व्यक्ति की बैठने, उठने, चलने, कूदने के साथ–साथ किसी वस्तु तक पहुँचने, पकड़ने, उठाने एवं ले जाने में कठिनाई का होना अर्थात् ऐसी समस्याओं से ग्रसित व्यक्ति को गामक अक्षम व्यक्ति

कहा जा सकता है। गामक अक्षमता जन्मजात भी हो सकती है, तथा जन्म के उपरान्त किसी भी अवस्था में हो सकती है। जन्मजात गामक अक्षमता के अंतर्गत शिशु का पांव टेढ़ा, मुड़ा हुआ तथा अविकसित अंग वाला हो सकता है।

गामक अक्षमता शरीर की रचना और कार्य को प्रभावित करती है। जिसके कारण गामक क्रियाकलाप सीमित हो जाते है।

गामक अक्षमता के निम्नलिखित प्रकार है–

1. प्रमस्तिष्किय पक्षाघात (Cerebral Palsy)
2. पोलियो (Poliomylitis)
3. स्पाइना बायफिडा (Spina Bifida)
4. कुष्ठ रोग (Leprocy Cured Person)
5. जन्मजात विकृति (Congenital Anamolies)
6. चोट के कारण विकृति (Disorder due to Injury)
7. अविकसित अंग (Undeveloped Organs)
8. मांसपेशिय क्षरण (Muscular Dystrophy)

प्रमस्तिष्किय पक्षाघात

Cerebral Palsy

प्रमस्तिष्किय पक्षाघात को अंग्रेजी में Cerebral Palsy कहते है। Cerebral का अर्थ मस्तिष्क के दोनों भाग तथा Palsy का अर्थ किसी ऐसी असमान्यता या क्षति से है जो शारीरिक गति के नियंत्रण को नष्ट करता है। यह जीवन के आरंभिक वर्षों में दृष्टिगोचर होता है।

पोलियो

Poliomylitis

पोलियो, वायरस संक्रमण से होने वाली असामान्यता है। पोलियो वायरस रीढ़ की हड्डी के एन्टीरियर हार्न सेल को क्षतिग्रस्त कर देते हैं जिसके फलस्वरूप दिव्यांगता हो जाती है। सर्दी–जुकाम, दस्त से ग्रसित एवं कमजोर बच्चों को वायरस से संक्रमण का खतरा बढ़ जाता है। पोलियो जन्म स 5 वर्ष तक के बच्चों को होता है।

वायरस का संक्रमण गति को नियंत्रण करने वाली नाड़ियों की कोशिकाओं को प्रभावित करता है। ऐसे वातावरण जहाँ पोषण की स्थिति खराब तथा शौचालयों की कमी होती है। वहाँ पोलियोग्रस्त बच्चे के मल से यह वायरस स्वस्थ बच्चे के मुँह तक पहुँचकर प्रभावित करते है। यदि वातावरण अच्छा है तब भी इसका वायरस छींक एवं खांसी द्वारा फैलते हैं। यह वायरस स्पाइनल कॉर्ड के एन्टीरियल नर्व की क्षति के कारण मांसपेशियों (विशेषकर शरीर के निचले हिस्से) में तनाव शिथिल या कम हो जाता है।

पोलियो के मुख्य तीन वायरस होते हैं–

- लियॉन
- लैसिंग
- ब्रॉन्सहाइड

स्पाइना बायफिडा
Spina Bifida

इसे मेरूदण्ड द्विशाखी कहते है। यह पैदाइशी असमान्यता है। जिसमे रीढ़ की हड्डी में रचनात्मक दोष पाया जाता है। इसमें गर्भावस्था में ही बच्चे के प्रारंभिक विकास में कशेरूक, मेरूरज्जु के ऊपर बंद नही होती जिससे मेरूरज्जु का मुलायम क्षेत्र असुरक्षित छूट जाता है।

जन्मजात विकृति
Congenital Anamolies

कभी–कभी कुछ बच्चों में जन्मजात विकृति होती है। जन्म के समय ही बच्चे के दोनों अथवा एक पाँव अन्दर की ओर मुड़ा हुआ होता है तो उस विकृति को सी.टी.ई.वी. (Congenital Taleps Equino Virus) के नाम से जाना जाता है। कभी–कभी शिशु की गर्दन एक तरफ मुड़ी हुई होती है जिस में विशेष रूप से स्टनो म्लीडोमस्ट्वायड नामक मांसपेशी में शिशु अपनी गर्दन को एक तरफ झुकाए रहता है। जब बच्चों के दोनों घुटने आपस में सटे हुए होते है तो इस विकृति को जेनु वेलगम कहा जाता है। खड़े होने की स्थिति में जब बच्चे का घुटना पीछे की ओर धँस जाता है। तो इस विकृति को जेनु रिकेवेंटम कहा जाता है। इसी प्रकार जब दोनों घुटनों के बीच की जगह अधिक हो जाती है तो इस विकृति को जेनुवैरस कहा जाता है।

कभी–कभी रीढ़ की हड्डी में पीछे की तरफ उभार आ जाता है तो इस स्थिति को काइफोसिस, आगे की तरफ उभार को लार्डोसिस तथा बगल के उभार को स्कोलियोसिस कहते है।

चोट के कारण विकृति

Disorder due to Injury

शरीर के किसी भी भाग में चोट अथवा दुर्घटना के कारण हाथ अथवा पैर या तो टेढ़े हो जाते है या फिर कार्य करना बंद कर देते है लेकिन प्रमुख रूप से गंभीर विकृति रीढ़ की हड्डी में चोट के कारण होती है। रीढ़ की हड्डी को स्पाइनल कॉर्ड कहते है। स्पाइनल कॉर्ड में दो प्रकार की चोटें हो सकती है।

- पूर्ण रूप से चोट
- आंशिक रूप से चोट

अविकसित अंग

Undeveloped Organs

कुछ बच्चों में जन्मजात अविकसित अंग पाए जाते है जिसे फोकोमोलिया के नाम से जाना जाता है। इसमें अंग अविकसित होते है तथा इसमें पैर अथवा हाथ का विकास रूक जाता है ऐसे बच्चों के ऊपरी अंगों के कार्य के संपादन के लिए किसी अतिरिक्त सहायक सामग्री की आवश्यकता होती है।

मांसपेशीय क्षरण

Muscular Dystrophy

यह एक ऐसी गामक विकृति है जिसमें बच्चे का जन्म सामान्य होता है एवं जन्म के 3 वर्ष के उपरान्त उसकी मांसपेशियों में विकृति शुरू हो जाती है। जैसे–जैसे समय बीतता है। उसकी विकृति इतनी गंभीर हो जाती है कि बच्चा चलने–फिरने में असमर्थ हो जाता है। कुछ वर्षों के पश्चात उसके लिए बिस्तर से उठना मुश्किल हो जाता है। परिणामस्वरूप वह अपना कोई भी कार्य स्वयं से नही कर पाता।

3. Cerebral Palsy: प्रमस्तिष्किय पक्षाघात

"प्रमस्तिष्क पक्षाघात से कोई गैर प्रमाणिक तंत्रिका स्थिति का समूह अभिप्रेरित है जो शरीर के संचालन को और मांसपेशियों के समन्वय को प्रभावित करती है जो मस्तिष्क के एक या अधिक विनिर्दिष्ट क्षेत्रों में क्षति के कारण उत्पन्न होता है जो साधारणतया जन्म से पूर्व, जन्म के दौरान या जन्म के तुरंत पश्चात होती है।"

–दिव्यांगजन अधिकार अधिनियम, 2016

सेरिब्रल पाल्सी का उल्लेख उन अवस्थाओं के एक समूह के लिए किया जाता है जो कि गतिविधि और हावभाव के नियंत्रण करते हैं। गतिविधि को नियंत्रित करने वाले मस्तिष्क के एक या अधिक हिस्से की क्षति के कारण प्रभावित व्यक्ति अपनी मांसपेशियों को सामान्य ढंग से नहीं हिला सकता। इसके लक्षणों का दायरा पक्षाघात के रूपों समेत हल्का से लेकर गंभीर तक हो सकता है।

प्रमस्तिष्कीय पक्षाघात को अंगेजी में Cerebral Palsy कहते हैं। Cerebral का अर्थ मस्तिष्क के दोनों भाग तथा Palsy का अर्थ किसी ऐसी असमान्यता

या क्षति से हैं जो शारीरिक गति के नियंत्रण को नष्ट करता हैं। यह जीवन के आरंभिक वर्षों में दृष्टिगोचर होती हैं।

बैट्सो एवं पेरेट (1986) के अनुसार

प्रमस्तिष्कीय पक्षाघात एक जटिल अप्रगतिशील अवस्था हैं, जो जीवन के प्रथम तीन वर्षों में हुई मस्तिष्किय क्षति के कारण उत्पन्न होती हैं। जिसके फलस्वरूप मांसपेशियों में सामंजस्य न होने के कारण तथा कमजोरी से अपंगता हो जाती हैं। एक बार मस्तिष्क क्षतिग्रस्त हो जाने के बाद पुनः ठीक नही किया जा सकता और न ही यह बढ़ता हैं। इसके बावजूद भी संचालन एवं शरीर की स्थितियों तथा उससे जुड़ी समस्याओं को थोड़ा सुधारा जा सकता हैं।

प्रमस्तिष्कीय पक्षाघात के प्रकार

प्रमस्तिष्कीय पक्षाघात का वर्गीकरण निम्ननिखित प्रकार से कर सकते हैं।

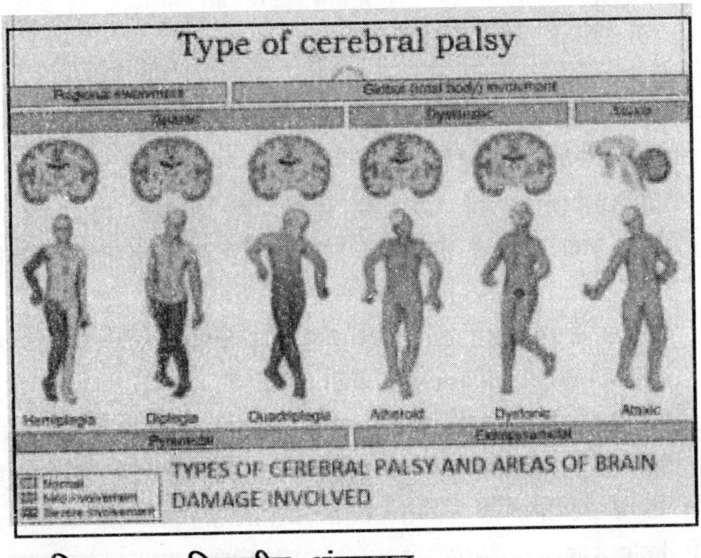

1. अतिअल्प प्रमस्तिष्कीय अंगाघात

(Mild Cerebral Palsy)

इसमें गामक तथा शरीर स्थिति से सम्बंधित दिव्यांगता न्यूनतम होती हैं। बच्चा पूर्णतया स्वतंत्र होता हैं। परन्तु सीखने की समस्याएं हो सकती हैं।

2. अल्प प्रमस्तिष्कीय अंगाघात

(Moderate Cerebral Palsy)

इसमें गामक तथा शरीर स्थिति से सम्बंधित दिव्यांगता का प्रभाव अधिक होता हैं। बच्चा उपकरणों की मदद से बहुत हद तक विकसित हो सकता हैं तथा स्वतंत्र हो सकता हैं।

3. गंभीर प्रमस्तिष्कीय अंगाघात

(Severe Cerebral Palsy)

गामक तथा शरीर स्थिति से सम्बंधित दिव्यांगता पूर्णतया प्रभावित होती हैं और इससे बच्चे को दूसरों पर बहुत अधिक निर्भर रहना पड़ता हैं।

2. प्रभावित अंग की संख्या के अनुसार वर्गीकरण

1. **मोनोप्लेजिया**–इसके अंतर्गत आने वाले प्रमस्तिष्कीय पक्षाघात के कोई एक हाथ या एक पैर प्रभावित होते हैं। आमतौर पर कोई भी एक हाथ प्रभावित होता हैं।
2. **हैंमिप्लेजिया**–इसमें व्यक्ति के एक ही तरफ के हाथ और पैर दोनों एक साथ प्रभावित हो जाते हैं। जिसमें इस अवस्था को हैंमिप्लेजिया कहते हैं।
3. **डाईप्लेजिया**–इसमें ज्यादातर दोनों पैर प्रभावित हो जाते हैं। कभी–कभी हाथ में भी प्रभाव दिखता हैं। इसे डाईप्लेजिया कहते हैं।
4. **पैराप्लेजिया**–इसमें व्यक्ति के दोनों पैर प्रभावित होते हैं। जिससे इस अवस्था को पैराप्लेजिया कहां जाता हैं।
5. **क्वाड्रिप्लेजिया**–इसमें व्यक्ति के दोनों हाथ और दोनों पैर अर्थात् पूरा शरीर प्रभावित हो जाता हैं। अतः इसलिए इस अवस्था को क्वाड्रिप्लेजिया कहा जाता हैं।

3. चिकित्सीय लक्षणों के अनुसार वर्गीकरण

प्रमस्तिष्कीय पक्षाघात से ग्रसित बालक अलग–अलग प्रकार के होते हैं। अतः चिकित्सकीय लक्षणों के अनुसार इसे मुख्यतः चार भागों में वर्गीकृत किया जाता हैं। जो निम्नलिखित हैं।

1. **स्पास्टीसिटी**–इसका अर्थ यह हैं कि कड़ी या तनी हुई मांसपेशियां बच्चे सुस्त एवं भददे दिखते हैं। गति बढ़ने के साथ मांसपेशीय तनाव बढ़ने लगता हैं। क्रोध या उत्तेजना की स्थिति में मांसपेशियों का कड़ापन और भी बढ़ जाता हैं। पीठ के बल लेटने पर बच्चों का सिर एक तरफ घुमा होता हैं और पैर अंदर की ओर मुड़ा होता हैं।
2. **एथेटोसिस**–एथेटोसिस का अर्थ अनियंत्रित गति से बच्चा जब अपनी इच्छा से कोई अंग संचालन करना चाहता हैं। तो उसका शरीर अनियंत्रित गति करने लगता हैं। जिससे मांसपेशीय तनाव लगातार बदलता रहता हैं। एथेटोसिंस से प्रभावित बच्चे नन्हें बच्चों की तरह लचीले दिखते हैं।
3. **एटैक्सिया**–इसका अर्थ हैं अस्थिर और अनियमित गति का होना। इसमें बच्चों का संतुलन खराब होता हैं। ऐसे बच्चे बैठने या खड़े होने पर गिर जाते हैं। इसमें मांसपेशीय तनाव कम होता हैं तथा गामक विकास पिछ़ड़ा होता हैं।
4. **मिश्रित**–स्पास्टिीसिटी और एथेटोसिस दोनों में दिखने वाले लक्षण जब किसी बच्चे में मिले हुए दिखते हैं। तो मिश्रित प्रकार का प्रमस्तिष्कीय पक्षाघात कहलाता हैं।

प्रमस्तिष्किय पक्षाघात के लक्षण
(Characteristics of Cerebral Palsy)

1. सामान्य बच्चों की तुलना में ऐसे बच्चों का विकास धीमा होता हैं।
2. गर्दन नियंत्रित करने एवं बैठने की क्रिया सीखने में इन्हें बहुत समय लगता हैं।
3. वाणी विकास धीमा होता हैं।
4. कभी–कभी इनमें सुनने और देखने की समस्या भी देखी जाती हैं।
5. इनमें होठ से लार टपकती हैं।
6. ऐसे बच्चे बहुत उदास दिखते हैं तथा सुस्त गति वाले होते हैं।
7. कपड़ा पहनते समय एवं नहलाते समय शिशु का शरीर अकड़ जाता हैं।

8. कई बच्चे मानसिक मंद भी होते हैं।
9. ऐसे बच्चे शिक्षा के क्षेत्र में पिछड़े रहते हैं।
10 ऐसे बच्चे या तो बहुत रोते है या फिर बिलकुल शांत रहते है।

5. **सहायक उपकरण**–प्रमस्तिष्कीय पक्षाघात के अधिकतम बच्चों को चलने–फिरने, उठने–बैठने, लेटने इत्यादि में समस्या होती हैं। इस समस्या में सुधार हेतु इन्हें उचित सहायक सामग्री प्रदान की जाती हैं। चलने फिरने के लिए कैलीपर अथवा पादचारी उठने बैठने के लिए परिमार्जित कुर्सी अथवा चारपाई, खाने–पीने के लिए समायोजित उपकरण जैसे–विशेष थाली एवं नहाने के लिए विशेष बाथटब की व्यवस्था की जाती हैं।
6. **व्यवसायिक प्रशिक्षण एवं रोजगार**–प्रमस्तिष्कीय पक्षाघात के अतिअल्प एवं अल्पतम रूप से प्रभावित बच्चों को व्यावसायिक प्रशिक्षण देना चाहिए। व्यावसायिक प्रशिक्षण प्राप्त करने के उपरान्त इन्हें विशेष रोजगार कार्यालय में पंजीकरण कर उनके लिए उचित रोजगार प्रदान किया जाता हैं। इसके अतिरिक्त इन बच्चों को स्व रोजगार प्रशिक्षण के उपरांत कराना चाहिए।
7. अस्थि दिव्यांगता सबंधित शल्य चिकित्सा
8. सिकुड़ना को शिथिल करने की शल्य चिकित्सा
9. विकृति को सुधारने की शल्य चिकित्सा
10. मांसपेशियों का पुर्ननिर्माण करने की शल्य चिकित्सा
11. औषधि चिकित्साः
    1. स्पास्टीसिटी कम करने की दवाईयाँ
    2. अनैच्छिक गतियों को रोकने के लिए दवाईयाँ।
12. भौतिक चिकित्साः
    1. चाल प्रशिक्षण।
    2. जल चिकित्सा।
    3. सिकुड़ना तथा विकृति को रोकने के लिए निष्क्रिय गतियाँ।
    4. स्पास्टिसिटी कम करने के लिए व्यायाम।
    5. शरीर को योग्य रचना में बनाए रखने तथा कमजोरी मांसपेशियों को आधार के लिए प्रेसिंग।

6. जोड़ की गति का विस्तार बनाए रखने के लिए निष्क्रिय गतियों और सहायता सहित गतियाँ।
7. मांसपेशियों की ताकत बनाए रखने के लिए और बढ़ाने के लिए सक्रिय मुक्त गतियाँ और अवरोध रहित सक्रिय गतियाँ।

शिक्षण की विधियां एवं पाठ्यक्रम

1. इन बच्चों की जरूरतों के मुताबिक इनकी पाठ्यचर्या तैयार की जानी चाहिए।
2. छात्रों के लिए शैक्षिक कार्यक्रम तैयार करें।
3. बच्चे को उसकी पसंद के अनुसार पढ़ाए पुस्तकें, वीडियो, इस्तेमाल करे।
4. छात्रों को उनके हितों के अनुसार शिक्षा दी जानी चाहिए।
5. बच्चे के कौशल स्तर को पहचान उससे कार्य करवाए।
6. उनसे अच्छा कार्य करने की उम्मीदें रखे ताकि उन्हें और अच्छा करने की प्रेरणा मिले।
7. पाठ्यक्रम ऐसा हो जिसमें हर छात्र अपनी भागीदारी दे सके।
8. पाठ्यक्रम ऐसा हो कि छात्र अपनी क्षमताओं का अच्छा प्रदर्शन कर पाए और सफलता का अनुभव कर पाए।
9. यह समझे कि हर छात्र एक लक्ष्य की तरफ बढ़ सके।
10. अगर छात्र अपनी दिव्यांगता के कारण अपने टेस्ट या परीक्षा करने में ज्यादा समय मांगे तो उन्हें ज्यादा समय दिया जाना चाहिए।
11. छात्रों को स्कूल में पहुंचने के लिए उचित व्यवस्था उपलब्ध करवाई जानी चाहिए।
12. बच्चे को पाठ्यक्रम के दौरान किसी प्रकार की चोट न लगे इसका खास ध्यान रखना चाहिए।

शिक्षक के लिए आवश्यक बातें–

1. शिक्षक को यह एहसास होना चाहिए कि कक्षा का हर बच्चा उनकी जिम्मेवारी है न कि समस्या।
2. यह बच्चों की जरूरत के मुताबिक शिक्षक को बच्चे के पाठ्यक्रम, सामग्री और शिक्षा में परिवर्तन लाना चाहिए।

3. शिक्षक एक टीम में काम करने में सक्षम होना चाहिए।
4. उसे बच्चे की समस्या का समाधान करना आना चाहिए।
5. शिक्षक को छात्र की सीखने की क्षमता पर विश्वास होना चाहिए।
6. उन बातों में हताशा का स्तर ऊँचा हो सकता है। इसलिए शिक्षक को इनके साथ प्यार से रहना चाहिए।
7. बच्चे को हमेशा प्रोत्साहित करने की कोशिश करे।
8. शिक्षक को छात्र के दुर्व्यवहार और उसकी दिव्यांगता के कारण किए गए व्यवहार में अन्तर करना आना चाहिए।
9. अन्य उपलब्ध साधन जैसे वीडियो, किताबों का भी इस्तेमाल किया जाना चाहिए।

पुनर्वास कार्यकर्ता (Rehabilitation Worker)

1. बच्चे के परिवार से बच्चे के बारे में जानना चाहिए और उसे अलग–अलग स्थितियों में पालन करना चाहिए।
2. यह जानो की बच्चा अभी तक क्या–क्या कर पा रहा है।
3. बच्चे की समस्या के बारे में जानना चाहिए।
4. अच्छा कार्य करने पर बच्चे को प्रोत्साहन देना चाहिए।
5. उसे पारिवारिक प्रशिक्षण देने के लिए सुझाव दिए जाने चाहिए।
6. बच्चे के प्रशिक्षण को मजेदार बनाए।
7. बच्चे के परिवार वालों को भी बच्चे के बारे में प्रशिक्षण दे।

Lifting & Carrying Handling Technique (बच्चे को सही ढंग से उठाना और लेकर जाना) बच्चे को आसानी से उठाने के लिए–

1. उसे पहले एक तरफ रोल करें या मोड़े।
2. उसके सिर को सहारा दें।
3. उसे अपने शरीर के करीब करके उठाए।
4. फिर उसकी टांगें मोड़े।

Carrying (आगे कैसे लेकर जाना है)

1. बच्चे को ऐसी स्थिति में लेकर जाए जिससे उसका शरीर किसी भी असामान्य स्थिति में न आए और उसकी दोनों बाहें आगे लाए।

2. उसे इस तरह सीधा उठाए ताकि उसका सिर एक जगह पर टिका रहे और उसे आगे देखने में मदद मिले।
3. बच्चे को हमेशा अपनी बगल में लेकर उठाए।
4. यदि बच्चा लेटा हुआ है तो उसे कंधों से पकड़े और धीरे–धीरे एक तरफ मोड़ कर उठाए। इससे वह अपना सिर सीधा रखने की कोशिश कर पाएगा और उसके सिर का नियन्त्रण बन पाएगा।

Spastic (बच्चे को शिथिल या रीलैक्स करने के लिए)

1. उसके शरीर को एक तरफ फिर दूसरी तरफ बार–बार मोड़े।
2. बड़े बच्चों की पहले टांगें सीधी करे। ऐसा आप अपनी टांगें उसके ऊपर रखकर भी कर सकते हैं।

Flaccid (बच्चे की कमर सीधी करने के लिए)

1. उसे उसके नितंबों के पास से पकड़े।
2. फिर उसे नीचे दबाये ताकि उसकी कमर सीधी हो जाए।

अगर बच्चा ज्यादा **Flaccid** हो तो

1. पहले उसे छाती से पकड़े।
2. दूसरे हाथ से उसकी कमर के निचले हिस्से को नीचे की तरफ दबाए।

Antetoid बच्चे को बिठाने के लिए

1. पहले उसे अपनी गोद में सीधा बिठाए, उसकी पीठ अपनी तरफ हो।
2. उसके कंधे को पकड़े और नीचे दबाए।
3. उसकी बांहों को आगे की तरफ लाए।

बच्चे को उठाते वक्त ध्यान रखने वाली चीज

बच्चे को उठाते वक्त कभी भी अपनी कमर के बल न झुके बल्कि अपने घुटने झुकाए ताकि आपकी पीठ पर कोई तनाव न आए। बच्चे को उसकी बगल में हाथ डालकर उठाए और खड़ा करे।

Positioning (स्थिति निर्धारण)

एक अच्छी स्थिति में बैठकर या खड़ा होकर बच्चे को खुद को सामान्य तरीके से रखने में मदद मिलती है। बच्चे को अपने आप हिलने–डुलने दे न कि उसे किसी उपकरण से बांध कर रखे। उसकी स्थिति को हमेशा बदलते रहे।

Positioning in Lying (लेटे हुए) बच्चे को ऐसी स्थिति या पोजीशन में लेटाए जिससे उसमें और अधिक सुधार आए।

1. बच्चे को पेट के बल लिटाए।
2. उसके घुटने और बगल के नीचे तकिया या तौलिये का रोल बना कर रखे। यह उसकी बांहों को सीधा रखेगा और उसे अपना सिर सीधा उठाने में मदद करेगा।
3. Flaccid बच्चे के लिए उसकी दोनों टांगों को रेत के बोरे के साथ आपस में पास–पास रखे

Side Lying (करवट)

1. बच्चे की दोनों बांहें आगे लाए ताकि उसके दोनों हाथ एक साथ आ जाए।
2. उसका एक घुटना और एक नितंब मोड़े। यह उसके शरीर को आराम देगा।
3. उसके हाथ के नीचे एक तौलिये का रोल बनाए।

Lying on Back (पीठ के बल लेटना)

1. बच्चे की सिर, दोनों बांहों के नीचे तकिये का रोल रखे।
2. उसके घुटनों और नितंबों को मोड़कर उसके नीचे तकिया रखे। यह अकड़ाहट हटाएगा।

Positioning in Sitting (बैठने की स्थिति)

जिन बच्चों में बैठना देरी से आता है उन्हें ज्यादा सहारे की जरूरत होती है। उन्हें एक खास तरह की कुर्सी की जरूरत पड़ सकती है जिससे वह बेहतर ढंग से बैठ पाए और अपने हाथों का सही इस्तेमाल कर पाए। जो बच्चा बैठना सीख रहा है उसे खड़े होने का अभ्यास भी साथ–साथ करवाना चाहिए।

बैठते वक्त इन चीजों का ध्यान रखें–

1. सिर सीधा और आगे की तरफ हो
2. पीठ सीधी हो
3. घुटनें सीधे हो
4. टांगें दूर दूर हो
5. पैर जमीन पर लगे होने चाहिए
6. बच्चा आगे की तरफ नहीं गिरना चाहिए

Positioning in Standing (खड़े होना)

जो बच्चा सही वक्त पर (1 साल की उम्र) खड़े नहीं हो पाते उन्हें किसी सहारे के साथ खड़ा करना शुरू करना चाहिए। इससे उसके पैरों की मांसपेशियों में और अधिक शक्ति आएगी।

1. खड़े होते वक्त बच्चे की पीठ सीधी, पैर सीधे जमीन पर लगे होने चाहिए।
2. यह ध्यान रखें कि बच्चा अपने दोनों पैरों पर समान भार डाले।
3. बच्चे की नितंब और घुटने सीधे होने चाहिए।

Balance:- इसका अर्थ है स्थिर रहने में सक्षम और अपनी दोनों टांगों पर एक ही समय पर समान वजन डाल पाना। सीपी से पीड़ित बच्चों में गतिभंग पाया जाता है। यह बच्चे अपने आपको एक जगह पर ज्यादा समय के लिए स्थिर रहने में सक्षम नहीं होते।

Balance Exercise

1. इन बच्चों में सबसे पहले सिर पर नियंत्रण होना चाहिए। सबसे पहले बच्चे को पीठ के बल लेटाए। उसकी दोनों टांगें मोड़े। इसके बाद उसके आगे खड़े होकर उसकी बांहों को पकड़े और उसे आगे की तरफ खींचे। ऐसा कम से कम 10 बार करे।
2. बच्चे के माता–पिता को निर्देश दे कि उसे ज्यादा से ज्यादा वक्त उल्टे लिटाए और उसे सिर के ऊपर कोई चीज जैसे कोई खिलौना देखने को कहे। ऐसा करने से बच्चे के सिर पर नियंत्रण आएगा।
3. गतिभंग के लिए बच्चे को और भी व्यायाम करवाए जा सकते हैं। बच्चे को दोनों पैरों पर हाथ पकड़ कर खड़ा करे। फिर उसे कहे

अपना एक पैर ऊपर उठाए और 1 से 10 तक गिनती करके नीचे रख दे। उसके बाद वह अपना दूसरा पैर उठाए और इसी तरह 1 से 10 गिनकर नीचे रख दे।

1. बच्चे को Physics Ball को लात मारने को कहे। ऐसा करने के लिए पहले उसे किसी चीज के सहारे खड़ा कर दे। फिर उसे बॉल को लात मारने के लिए कहे। ऐसा करने से उसे अपनी दोनों टांगों पर भार डालना आएगा और उसकी गतिभंग की समस्या ठीक होगी। बच्चों को Balance Board पर चलवाए। उसे पैरलल बार में चलवाए। उसके पैरों के साथ आधे से एक किलो का वजन बांधकर खड़ा करे और फिर चलवाए। उसके बैठने पर नियंत्रण बनाए रखने के लिए उसे अपने सामने बिठाए। फिर अचानक से उसे एक तरफ से धक्का मारे। बच्चा अपना नियंत्रण बनाने की कोशिश करेगा और अपने आपको गिरने से बचाएगा। बच्चे को अपने घुटनों के बल बिठाए। फिर उसे अपने बाहें सीधी ऊपर करके कोई चीज पकड़ने को कहे। बच्चे के सामने काफी सारे खिलौने रख दे और एक खाली बक्सा रख दे। फिर उसे कहे कि वह एक–एक कर उन खिलौनों को उस बक्सों में दूर से फेंकने की कोशिश करे।

4. **Communication (संचार)**–संचार एक माध्यम है जिसके द्वारा हम लोगों के संदेशों को समझ पाते हैं और उसी तरह से अपने विचार, जरूरतें और भावनाएं दूसरों को बता पाते हैं। जो बच्चे बोल और सुन सकते हैं वह अपने विचार दूसरों के सामने प्रकट करने में सक्षम होते हैं। बच्चे अपनी भावनाएं कई प्रकार से प्रकट करते हैं, जैसे–

1. आवाज–रोना, हंसना
2. शरीर के आंदोलन–सिर को हिलाकर हां या ना कहना
3. चेहरे के भाव–हंसना
4. इशारे–हाथ हिलाकर अलविदा कहना
5. हाथ या आंखों से इशारे करना

लिखकर जिन बच्चों को सिर, मुंह, जीभ के आंदोलनों को संभालने में वक्त लगता है उन्हें शब्दों को सही तरह से उच्चारण करने में भी समय लगता है। जब दूसरे लोगों की इन बच्चों के इशारे या बातें समझ नहीं आती तो इन

बच्चों में हीन भावना बहुत बढ़ जाती है और फिर यह संचार करना ही बंद कर देते हैं। इसलिए इन बच्चों के परिवार वालों को चाहिए कि वह इन बच्चों द्वारा दिए गए इशारों को समझने की कोशिश करे और इन्हें संचार करने के लिए प्रोत्साहित करे। बाहरी सामग्री या उपकरण की आवश्यकता नहीं ली जाती। इसमें किसी प्रकार के चित्र या हाथ–चेहरे के भावों का इस्तेमाल नहीं लिया जाता।

Aided :- इसमें बच्चा अपने भाव प्रकट करने के लिए बाहरी उपकरण जैसे चित्रों का इस्तेमाल करता है।

Training Suggestions (सुझाव) **Stage 1 :-** जैसे–जैसे बच्चा बड़ा होता है उसे अपने आसपास के वातावरण में दिलचस्पी लेना अच्छा लगने लगता है। उदाहरण– जब वह रोता है तो उसके परिवार में से कोई न कोई उसके पास अवश्य आता है। इससे उसे अपने वातावरण में दिलचस्पी हो जाती है क्योंकि उसे लगता है कि लोग उसकी बात सुनेंगे।

सुझाव–बच्चे को उसके नाम से बुलाए। जब वह आपको देखे तो उसे प्रोत्साहित करे और उसकी प्रशंसा करे। इसके लिए अपने चेहरे के भावों का इस्तेमाल करे। जब बच्चा कोई आवाज निकाले तो उसकी नकल करे जिससे उसे लगे कि आप उससे बात कर रहे हैं। बच्चे के साथ रोज सुनने वाली आवाजों के बारे में बात करें। उदाहरण–अगर पैरों की आवाज आए तो उसे सुनाए और बताएं कि ऐसी सही है।

प्रशिक्षण के सिद्धांत
(Principles of Training)

1. बच्चों को आरामदायक स्थिति में बिठाए। इसके लिए कुर्सी पर बिठाना सबसे उपयोगी है।
2. बच्चों को सीधे बैठने में मदद करे और उसका सिर सीधा रखे ताकि उसका ध्यान देखने और सुनने में हो।
3. बच्चे से आंख मिलाकर बात करे। इससे उन्हें लगेगा कि हम उसकी बातें सुनने के इच्छुक है।
4. बच्चे के साथ सरल शब्दों का उपयोग करे।
5. उसे अपनी प्रतिक्रिया व्यक्त करने का समय दे।
6. उसे संचार करने के हर तरीके का उपयोग करने दे और ऐसा करने पर उसे प्रोत्साहित करे।

7. बच्चे का ध्यान अपनी ओर खींचने की कोशिश करे। अगर वह आपको बुला नहीं पाता तो उसे कोई घंटी बजाने को दे जिसे बजाकर वह आपको बुला सके।

संचार 2 प्रकार का होता है–

1. Unaided (बिना सहायता के)
2. Aided (सहायता युक्त)

Stage 4

इससे बच्चा दो या तीन शब्दों का इस्तेमाल करना शुरू कर देता है।

सुझाव–बच्चे को कहानियां सुनाएं और उससे सम्बन्धित प्रश्न पूछे। उसे चित्रों से सम्बन्धित प्रश्न पूछे और उसके प्रश्नों के उत्तर दे। उससे बात करे और पूछे किस परिवार का कोई सदस्य कहां है। उदाहरण– तुम्हारा पापा तुम्हारे बगल में खड़े है। इस स्टेज पर वह हारा हुआ महसूस करते हैं। अगर किसी को उसकी बात समझ न आए।

Alternative Means of Communication (संचार करने के अन्य उपाय)

1. चित्र दिखाना–अगर बच्चा अपने हाथ अच्छी तरह इस्तेमाल नहीं कर पा रहा तो उसे चित्र दिखाना शुरू करे। यह चित्र अखबारों से निकाले जा सकते हैं। यह चित्र आप किसी गत्ते पर लगा सकते हैं।

सुझाव–अगर बच्चा चित्र पर अपना हाथ खोलकर न पहुंच पाए तो उसे अपनी मुट्ठी से ही चित्र को हाथ लगाने दे। उसे चित्रों से चीजों की पहचान करवाएं जैसे फलों की। आवाज आए तो इसका मतलब है कि कोई आ रहा है।

Stage-2 :- इस स्टेज में बच्चा शब्द समझने लगता है और कुछ शब्दों की नकल करने की भी कोशिश करता है। बच्चा इशारों में बात करने की कोशिश करता है।

सुझाव–बच्चे को आवाज निकालने वाली चीजें खेलने को दे। इन चीजों से पहले खुद खेले और बच्चे को बताए कि आप क्या कर रहे हैं। बच्चे को इशारे करने के लिए प्रोत्साहित करे जैसे बाय करना। उसे बोलने के लिए प्रोत्साहित करे। जैसे अगर वह बॉल को बा कह कर पुकारे तो उसे कहे कि हाँ यह बॉल है।

Stage 3 :- इसमें बच्चा एक शब्द बोलना शुरू कर देता है। वह कई प्रकार के इशारों और आवाजों का इस्तेमाल करता है।

सुझाव–उसे टावर बनाना सिखाए। उसे तोड़े और बच्चे को कहे इसे दुबारा बनाओ। उसे अपने शरीर के अंगों की पहचान करना सिखाए। उसे उसके पैर दिखाए और कहे यह तुम्हारे पैर है। उसे उसके खाने की मनपसन्द चीजें दिखाएं और उससे पूछे–तुम क्या खाओगे। उसके इशारों को समझे।

Sign Language (सांकेतिक भाषा)–कई बच्चे अपने हाथों का पूरा इस्तेमाल कर सकते हैं किन्तु बोल नहीं पाते। ऐसे बच्चे संकेत देकर अपनी बातें बता सकते हैं।

संवेदी क्षति

(Sensory Impaired)

संवेदी क्षति वह क्षति है जिसमें हमारी 5 मुख्य संवेदियों में से किसी भी 1 या एक से अधिक संवेदियों में क्षति होती है। इसके कारण बच्चे को सुननें, देखने, स्वाद चखने, सुगंध एवं चीजों को महसूस करने में परेशानी हो सकती है। यह सभी संवेदियों में से 1 या 1 से अधिक संवेदी या तो कम काम करती है या बिल्कुल नहीं करती।

उदाहरण–अगर आपकी आँखें कमजोर है तो आप चश्मा पहनते है और आप Visually Impaired हैं।

Curriculum & Teaching Techiques

1. For Visually Impaired (कम दृष्टि वालों के लिए)।
2. बच्चों का पाठ्यक्रभ बच्चे के अनुसार बनाए। (Braille Hveiter)
3. बच्चे को कोशल कार्य सिखाए। यह सिखाने के लिए उसे उस कार्य के बारे में अच्छी तरह से समझाएँ और उसे इसे सिखने के लिए वक्त दे।
4. इन्हें सभी चीजे में भागीदार बनाए जैसे–ड्रामा, खेल, उसकी रूचि की चीजें।

8 मुख्य चीजें पाठयकर्म में अवश्य ले

1. संवेदी दक्षता (Sensor Efficiency) बच्चे की जो संवेदी कमजोर है उसको Sensory Stimulation के जरिए बढ़ाने की कोशिश करें।
2. खेलों में भाग–इन बच्चों को उनकी क्षमता के अनुसार खेलों में भाग लेने दे।
3. सहायक उपकरण–जैसे चश्मे दे।

4. मनोरंजन—बच्चे को उसकी रूचि के अनुसार उसका मनोरंजन करने में उसकी मदद करे।
5. सामाजिक बातचीत—बच्चे को भी बाहर लेकर जाए अथवा घर में भी उसके साथ सामाजिक बातचीत करे।
6. व्यवसाय—बच्चे को किसी व्यवसाय में डालने के लिए उसे उस तरह का पाठ्यक्रम तैयार करके दे।
7. आत्मनिर्णय लेने के लिए बच्चे को प्रोत्साहित करे।
8. अभिविन्यास और गतिशीलता पर ध्यान दे।

कुछ सहायक शिक्षण तकनीकें (कम दृष्टि वालो के लिए)

1. Braille System (ब्रेली)
2. Raised Number (उठी हुई संख्या)
3. Tape Recorder (टेप रिकार्डर)
4. Talking Books (बोलती किताबें)
5. Vision Aid (देखने के सहायक उपकरण)
6. Trailing (अनुगामी)
7. Walking with Guide (सहायक के साथ चलना)

   1. **ब्रेली**—यह एक प्रकार की स्पर्श लेखन प्रणाली है जो खास तौर पर कम दृष्टि या अन्धेपन से पीड़ित लोगों के लिए बनाई गई है। यह बच्चे ब्रेली को ब्रेल पर लिख सकते है। इस तरह यह पढ़ने में सक्षम हो जाते है।
   2. **Raised Numbar**—इसमें अंकों को बिंदुओं की भाँति लिखा जाता है। यह बिंदु थोड़े उठे हुए होते है जिस वजह से बच्चे इन्हें जल्दी महसूस कर पाते है।
   3. **टेप रिकार्डर**—के जरिए आँखों से पीड़ित बच्चों को हर चीज बताई जा सकती है।
   4. **बोलती किताबें**—यह आधुनिक किताबें होती है जिससे कई प्रकार की कहानियाँ, दैनिक दिनचर्या से जुड़ी बातें सुनाई देती है। इससे बच्चे की रूचि भी बनी रहती है और उन्हें चीजें सिखने को भी मिलती है।

5. **देखने के सहायक उपकरण**–जैसे चश्मा बच्चों को देना चाहिए।
6. **Trailing (ट्रेलिंग)**–इस तकनीक से आपको दरवाजे तक पहुँचने, सीधी रेखा पर चलने और चीजों को ढूँढने में मदद मिलती है।

तकनीक

1. अपने शरीर को एक तरफ मोड़ कर दीवार से 6 इंच की दूरी पर खड़े हो जाए।
2. अपने हाथ की उल्टी तरफ दीवार के साथ संपर्क में रखे और हथेली को कप की तरह मोड़ ले। इससे अगर आपकी उंगलियां किसी चीज के संपर्क में भी जाए तो उनमें जख्म न होगा।
3. ऐसा करते हुए आगे चले। इस बात का ध्यान रखे कि आपकी कनिष्ठ और चौथी उँगली दीवार के साथ लगी रहे।
4. अगर आपका हाथ किसी चीज से टकराए तो पहले वह जाँच ले कि वह चीज क्या है फिर आगे बढ़े।
5. गाइड के साथ चलना इसमें अगर बच्चों को देखने की समस्या है तो उसे चलने में ऐसे व्यक्ति की मदद दे जिसे ऐसी समस्या न हो। यह व्यक्ति उसे पूरी तरह गाइड करता है कि बच्चे को कब, कहाँ और कैसे चलना चाहिए। यह गाइड उन्हें गलियों, सड़कों पर चलने में मदद करते है।

अभिविन्यास, गतिशीलता
(Orientation Mobility)

Orientation–इसका अर्थ है अपने आप को पता होना कि आप वातावरण में कहाँ स्थित है, कहाँ जा रहे है और जहाँ जाना है वहाँ कैसे जाना है। जिन लोगों में दृष्टि होती है वह अपनी आँखों के जरिए अपनी स्थिति बता सकते है लेकिन नेत्रहीन या कम दृष्टि वालो को अपनी बाकी संवेदी अंग जैसे गंध, स्पर्श, आवाज की मदद लेनी पड़ती है।

उदाहरण–तुम्हारा Table घर में कहां है और किस जगह पड़ा है। इसका यदि आपकों पता है तो आप oriented है।

Mobility का अर्थ है एक जगह से दूसरी जगह जा पाना। जो बच्चे देख सकते है वह एक दूसरे को देख कर चलना, दौड़ना और करवट लेना सीख लेते है। लेकिन नेत्रहीन बच्चों को चलना सीखने या बाकि काम करने के लिए चलना सीखना पड़ता है।

Orientation & Mobility–ट्रेनिंग का अर्थ है ऐसी तकनीकें जो बच्चे को वातावरण में उसकी स्थिति जानने में सहायक हो और साथ–साथ उसे एक जगह से दूसरी जगह पहुँचने में भी उसकी सहायता करे।

Goal of Orientation & Mobility–(उद्देश्य) इसका मुख्य उद्देश्य है अन्धे व्यक्ति को एक जगह से दूसरी जगह बिना चोट लगे, निपुणता से जा पाना।

इसमें निम्नलिखित चीजें आती है–

1. Concept Development (विकास की अवधारणा)
2. Sensory Development (संवेदी का विकास)
3. Orientation & Mapping (अभिविन्यास और मानचित्र)
4. Travel Techniques (पर्यटन तकनीक)
5. Communication, Personal Safety (संचार व्यक्तिगत सुरक्षा)

Concept Development–इसका अर्थ है एक ध्वनि या विचार बना पाना। जो बच्चे नेत्रहीन होते है उन्हें अपने दिमाग में एक चीज की छवि या चित्र बनाने में मुश्किल होते हैं इसको 3 Level में हम सुधार सकते है।

Level 1

– बच्चे को उसके शरीर के अंगों के नाम बताएँ।
– उसे उसके अंगों की गति के बारे में महसूस करवाएँ।

Lavel 2

– इसमें उसे अलग–अलग आकार की चीजें दे और बच्चे को उन चीजों के बारे में समझाए।
– उसे उसकी शरीर की गति को दूसरे की अवधारणा के संबंध में बताए। जैसे अपने दाएँ हाथ को सामने बैठे व्यक्ति के बाएँ कँधे पर रखने को कहे।
– उसे स्कूल या घर में पड़ी चीजें कहाँ पड़ी है यह समझाएं।

Level 3

- उसे सभी प्रकार के आकार की चीजें दे।
- घर में चलवाएं।
- तापमान के बारे में बताएं।

Sensory Development–(संवेदी का विकास)–दृष्टि, ध्वनि, गंध, स्पर्श से आने वाली सूचना पर्यावरण के हमारे आंदोलनों को समर्थन देते है। यह अब संवेदी एकीकरण (Sensory Integration) के माध्यम से होता है। संवेदियों के माध्यम से हम अपनी स्थिति के बनाएं रखने, वस्तुओं की स्थिति का पता करना और स्थलों की पुष्टि कर सकते हैं।

सुझाव–

Vision (दृष्टि के लिए)

- बच्चे को घर में पड़ी चीजों की हाथ लगवाकर पहचान करवाएँ।
- घर में पड़ी खतरनाक चीजें जिनसे उसे चोट लग सकती है के बारे में बच्चे को बताएं कि कौन सी चीज से उसे चोट लग सकती हैं और वह कहाँ पड़ी है।

ध्वनि के लिए

- बच्चे को अलग–अलग ध्वनियाँ सुनाएं और उसे उनकी पहचान करवाएँ।
- खतरे को पहचानने के लिए ध्वनि का इस्तेमाल करे जिसे टकराने से ध्वनि आए।

स्पर्श के लिए

1. बच्चे के हाथ–पैर का इस्तेमाल कर अलग–अलग चीजों का स्पर्श करवाएँ।
2. वाकर लकड़ी का इस्तेमाल करते वक्त उसके अंगों की पहचान बताएँ।

गंध के लिए

1. पाउडर का इस्तेमाल करें।
2. परफ्यूम का उपयोग करें।

दृष्टि के लिए	दृष्टि के लिए
– बच्चों को अपरिचित वातावरण में ले जाकर खतरनाक चीजों के बारे में बताएँ। – पर्यटन पर ले जाकर बच्चे को वहाँ आसपास की चीजों के बारे में बताएँ	
ध्वनि के लिए	**ध्वनि के लिए**
– बच्चे को अलग–अलग ध्वनि सुनाकर एक जगह से दूसरी जगह लेकर जाए। – बच्चे को भीड़ वाले और यातायात वाली जगह पर लेकर जाए जहाँ पर ध्वनि सुनकर उसे पता लगे कि यातायात ज्यादा है या कम	– ध्वनि उपकरणों का इस्तेमाल करे।
स्पर्श के लिए	**स्पर्श के लिए**
– बच्चे को मोटे, पतले, ऊनी कपड़ों को स्पर्श करवा उनकी पहचान करवाए।	– मौसम और पर्यावरण में आई तब्दीलों के कारण स्पर्श संवेदनशीलता में आए बदलाव के बारे में बच्चे को बताएँ।

1. Orientation & Mapping–बच्चे को यदि नक्शा पढ़ना सिखा दिया जाए तो इससे उसे स्थानों की समझ बढ़ती है और वह स्वतंत्र रूप से यात्रा करने में सक्षम हो जाता है।

Level 1-	Level 2-	Level 3-
– बच्चे के आसपास कोई वस्तु फेंके और उसे उस चीज को उठाने को कहे।	–उसे किसी जगह का पता बताकर वहाँ पहुँचने को कहे।	–उसे स्पर्श ध्वनि और नक्शे के माध्यम से किसी अपरिचित जगह पर पहुँचने को कहे।
– उसे नक्शे के बारे में समझाएं और उसे आसान नक्शा पढ़ना सिखाएं		

Travel Technique

Level 1	Level 2	Level 3
– उसे गाइड के साथ चलना सिखाएं। – उसे लकड़ी वाकर से चलना सिखाएं। – उसे अपने वातावरण में सुरक्षित रूप से चलना सिखाएं।	– उसे अपरिचित वातावरण में चलना सिखाएं। – सड़कों पर चलना सिखाएं। – अलग–अलग मौसमों में उसे चलना सिखाएं। – उसे सीढ़ियाँ चढ़ना सिखाएं। – उसे अलग–अलग जगहों जैसे पथरीली जगहों पर चलना सिखाएं।	– उसे सार्वजनिक परिवहन में चलना सिखाएं।

Other Trout Techniques

– गाइड के साथ चलना

– ट्रेलिग

– ट्रेन्ड गाइट कुत्ते (Trained Guide Dog) इसमें नेत्रहीन बच्चे को ऐसे कुत्तों का प्रयोग करना सिखाए जो प्रशिक्षित है। केवल कुछ ऐसी नस्लें है कुत्तों की जो प्रशिक्षित है। यह कुत्ते उन्हें गाइड करते है।

– केन, लकड़ी के सहारे चलना सिखाए

Communication, Personal Safety

Level 1	Level 2	Level 3
– बच्चे को घर के लोगों से वार्तालाप करने को कहें – उसे अपनी सुरक्षा कैसे करनी चाहिए यह बताएं। – उसे समझाए कि बुखार, खाँसी होने पर उसे क्या करना चाहिए। – उसे आपातकालीन में क्या करना चाहिए यह भी बताएं।	– उसे अलग–अलग से वार्तालाप करवाएँ – उसे सहायक उपकरण और तकनीक के बारे में बताएं	– उसे अपरिचित वातावरण में चलने को कहे।

Sensory Motor Stimulation

Sensory Motor Stimulation Physical Therapy का एक रूप है। जिस बच्चे में Hemisphere Imbalance होता है उस बच्चे की Series (Vision, Hearing, Touch, Taste and Smell) and Proprioception (Movement) Imblance देखने को मिलती है।

Decreased Proprioceptive Abilities

- अपने शरीर के बारे में कम जानकारी होना।

Decreased Visual Spatial Awareness

Decreased (हाइपोटैक्लिटी)

इस स्थिति में या बच्चे में यह कण्डीशन पाई जाती है तो बच्चा महसूस नहीं कर पाता है यदि उसको कोई Pension Touch करता है तथा हल्का सा Touch करने पर भी Child महसूस नहीं कर पाता है तथा बच्चे को Poor और Temperature (ताप) भी महसूस नहीं होता है। Hypotacility वाले बच्चे को छू कर पता कर सकते हैं। यह बच्चे अपने सिर को Wall पर मारते हैं।

- आपने आपको काटता है।
- बच्चों के साथ या खिलौने के साथ खेलना।
- गले से लिपटना या गले लगाना।
- टाईट कपड़े पहनना।

हाईपरटेकलिटी (Hypertaclity)

बच्चे को टच करने की अधिक होगी बच्चे को टच नहीं करते फिर भी बच्चे के Touch कर अहसास होगा इसकी और विशेषताएं इस प्रकार हैः—

Aversion to being Touched or Hugged

बच्चा टच करने से Uncomfortable Feel करता है तथा बच्चा ज्यादा पेन फील करता है। हाइपर सेनसिटिव के कारण बच्चा मेट डाउन हो जाता है। इस स्थिति में बच्चा बाडली रिएल करता है तथा अपने उपाय को इनज्योर्ड कर सकता है क्यों उसको पेन ज्यादा होती है। Parents नहीं समझ पाते कि उन

के बच्चे को क्या समस्या है वह समझते है कि वह नाटक या शरारत कर रहा है। सिम्पल जैसे बाथिंग, ट्रिमिंग नैल्स (नाखून काटना) बाल कटवाने जाना, कपड़ों को चेन्ज करना आदि स्किल को करने पर बच्चा अपसेट तथा ज्यादा गुस्सा प्रदर्शित करता है।

Distake of Hot and Cold Extremes

बच्चे हॉट एण्ड कोल्ड चीज को टच करना पसन्द नहीं करते है तथा उससे दूर भागते हैं।

Hyposmell

यह बच्चे ज्यादातर खुशबू वाली जगह पर रहते हैं जैसे कि किचन क्योंकि वहां पर खाना बनता है खाने की खुशबू, मसाले की खुशबू आती रहती है और भी जगह जैसे प्लान्ट्स, शूज, सोयल, ग्रास, टेज, लॉड्री इत्यादि को स्मेल करते रहते हैं। खुशबू तथा ताजा हाइपोस्मेल वाले बच्चों को खुशबू अच्छी लगती है। इन बच्चों को नहाने वाला साबुन स्ट्रांगली अपनी ओर आकर्षित करता है।

Hypertaste and Smell

जब बच्चे में टेस्ट और स्मेल की सेन्स ज्यादा ऊंची होती है तब बच्चे को वास्तव में खाना तथा डाइट में नार्मल नहीं होती है। यदि किसी बच्चे में उपरोक्त सिम्पटम्स होने के कारण इमबैलेन्स, सेन्सेरी सिस्टम होता है तथा ब्रेन की मूवमेण्ट को बहुत ज्यादा प्रभावित करता है।

Stimulation Treatment for the Sensory Systems

Sensory Systems को न्यूरोलॉजिकल स्टैण्डप्वाइण्ट से भी देखा जाता है।

जब हमने देखा कि ये जो सेन्सरी सिस्टम डिस्टर्ब हुआ है ये नर्वस सिस्टम से रिलेटेड प्रॉबलम थी जिसकी वजह से सेन्सरी सिस्टम डिस्टर्ब हुआ। लाईट साउण्ड, टच, टेस्ट एण्ड स्मेल ये सभी नान कान्सटेण्ट स्टिमुलेशन है। जिन बच्चों में न्यूरो बीहैथिरल डिस्आर्डस होते हैं। उनमें गुड प्रोपियोसेप्टिव (मूवमेण्ट) एविलिटी प्रॉपर को–आर्डिनेशन, टाइमिंग, मल्टीटानिसिटी की कमी होगी। बच्चे में मूवमेण्ट तो होगी परन्तु उसे वह जीत फील नहीं कर पाएगा।

प्रापियोसेप्टिव (मूवमेण्ट) एविलिटी को बढ़ाने में मदद कर सकते हैं। ये जो एक्टिविटी दी गई है ये सारी जगह की जाएगी अर्थात् सभी एरियाज में हम बच्चे में जब एक्टिविटीज को परफार्म करेंगे तो उसमें स्ट्रेन्थ एण्ड फीडबैक ऑफ पैरेकप्यूनल मसल्स एण्ड मसल्स ज्वाइण्ट स्किम एण्ड इनर इअर मेकेनिज्म्स से सभी इनक्रीज होंगे तथा ब्रेन में इनपुट होगी। इसमें कुछ एक्टिविटिज इनक्लाइवल दी गई है जो कि इस प्रकार से है–

Auditory Stimulation

इसमें दो प्रोग्रामर है जो कि बच्चे की आवश्यकता पर निर्भर करते हैं इसमें पहला है सैमेनस एण्ड सेकेण्ड है द लिसटेनिंग प्रोग्राम (टी0एल0पी0)

Visual Stimulation

इसमें एक आंख बन्द कर देंगे ताकि उससे जो कमजोर है उससे वह काम करें।

Tactile Stimulation

इसमें बच्चा पॉजिटिव या निगेटिव रेस्पॉन्स को फील कर सके।

Vastibulor Stimulation

इसमें हम एक्सरसाइज के द्वारा प्लान डिस्आर्डर को इम्प्रूव कर सकते हैं जैसे–Soling, Swing racking, Jumping, Rotating activities, Visual pursuit and Gage Stablike com Enquires के द्वारा।

Olfactory (Small) Stimulation

बच्चे को यह फील करवाना कि कौन से रिस्पॉन्स अच्छे है और कौन से नहीं।

Adaptive and Assistive Device

प्रत्येक विशेष बच्चा दूसरे बच्चे से भिन्न होता है। प्रत्येक की आवश्यकताएं अलग होती है। सामान्य बच्चे का शिक्षण व प्रशिक्षण सरलता से किया जाता है। वहीं विशेष बच्चे के लिए विशेष सामग्री की आवश्यकता होती है। बहुत से बच्चों के लिए तो दैनिक क्रियाओं के लिए भी उपकरण व यन्त्र की आवश्यकता होती है। नहीं तो वे दूसरों पर आश्रित हो जाएंगे। विशेष बच्चों के लिए उपकरणों की आवश्यकता होती है जो उनके दैनिक क्रियाओं शिक्षण प्रशिक्षण तथा सामाजिक समायोजन में सहायक होती हैं।

विशेष बच्चों के विकास के लिए कुछ शिक्षण प्रशिक्षण सामग्री बनाने की आवश्यकता होती है। जिसका चुनाव हम बच्चे के जरूरत को देखते हुए करते हैं। यहां पर विशेष कर या विशेषतौर पर लेटने, बैठने, खड़े होने, सन्तुलन बनाने, हाथों का प्रयोग करने तथा संचार संबंधी सहायक सामग्री की आवश्यकता पड़ती है। जो विशेष बच्चे के लिए बहुत उपयोगी है।

जो सहायक सामग्री बच्चे के विकासात्मक स्तर में सहायक होती है। उसको उपयोगी सहायक सामग्री बोलेंगे जब भी आप सहायक सामग्री का चुनाव करें तो सबसे पहले बच्चे को विकासात्मक स्थिति पर अवश्य ध्यान दें। उपकरण के सही चुनाव एवं उपयोग में भौतिक चिकित्सात्मक एवं पुनर्वास कार्यकर्ता अहम भूमिका निभा सकते हैं।

जो बच्चा अपने सिर, कन्धे, बाजुओं एवं हाथों का नियंत्रण विकसित कर सकता है उसे जमीन के बल लेटा देना काफी सहायक होता है। जिन बच्चों को लेटने में कठिनाई होती है। उनकी सहायता के लिए लकड़ी का बैलेंसिया टेक तथा दर्पण लगा हुआ, लकड़ी का तख्ता इत्यादि सहायक उपकरणों का प्रयोग किया जा सकता है। बैठने में सहायता प्रदान करने वाले उपकरणों या सहायक सामग्रियों में पहिया लगी कुर्सी विशेष कुर्सी इत्यादि का उपयोग किया जा सकता है। बच्चों की टांगों को चौड़ा करके बैठने में सहायता प्रदान करने के लिए लकड़ी के बने घोड़े या मछली का उपयोग किया जाना चाहिए। कुछ बच्चों को खड़े होने में सन्तुलन की समस्या होती है। इनके लिए खड़ी होने वाली मेज़ें, पीठ के लिए तख्ता, झुका हुआ तख्ता इत्यादि उपकरणों का उपयोग किया जा सकता है। खड़े होकर चलने में सहायता प्रदान करने वाले उपकरणों में चलने वाले चौखटा, चलने वाली बंधना या बांस इत्यादि प्रमुख है। इसके अलावा संतुलन बनाए रखने के लिए सन्तुलन तख्ते या सन्तुलन के लट्ठे इत्यादि का प्रयोग किया जाता है। चलना सीखने के लिए समानान्तर घोड़े, तोकर, ठोस लोहे वाले ठोकर, बेला वोकर, काठ घोड़ी एवं बैसाखियों का प्रयोग किया जा सकता है। इसके अलावा निशक्त बच्चों की आवश्यकताओं के अनुसार प्रत्येक क्रिया को करने के लिए जैसे ब्रश करने, कपड़ा पहनने, पढ़ने–लिखने के लिए सहायक उपकरणों का उपयोग किया जा सकता है। पहनने के लिए ढीले कपड़े, इलास्टिक वाले कपड़े, बड़े बटन या टीच बटन और मोजे पहनने के लिए बिना एड़ी वाले मोजे, पट्टी वाले फ्राक इत्यादि का प्रयोग किया जा सकता है। इसी प्रकार मानसिक मंद

बच्चों के लिए भोजन की प्रक्रिया को सरल बनाने के लिए भी सहायक सामग्रियों का उपयोग किया जाता है। जैसे–पानी पीने के मग के दोनों तरफ डण्डी होना, मुड़ी हुई चम्मच या मोटी चम्मच या चम्मच के हैण्डल पर रबर की ट्यूब हो।

पीने के लिए स्ट्रा का प्रयोग। इस तरह हम मानसिक मंद बच्चों की विशेष सामग्री बना कर उन्हें दैनिक क्रियाओं में आत्मनिर्भर कर सकते है। ये उपकरण इनके पुनर्वास एवं सामाजिक समायोजन में सहायक हो सकते हैं।

Principles of Adaptation

1. सहायक उपकरण सामाजिक समायोजन व पुनर्वास में सहायक होने चाहिए।
2. चुनाव करते समय सहायक उपकरण को विशेष बल की जरूरत को ध्यान में रखना चाहिए जैसे कि उसकी शारीरिक स्थिति एवं विकासात्मक इत्यादि।
3. विशेष बच्चे के सहायक सामग्री की आवश्यकता है या नहीं इसको ध्यान में रखना चाहिए।
4. सहायक सामग्री आसानी से उपलब्ध होने वाली होनी चाहिए।
5. सहायक सामग्री बहुत महंगी नहीं होनी चाहिए।
6. सहायक सामग्री टीकाऊ होनी चाहिए।
7. सहायक सामग्री बच्चे के नाप के अनुसार होनी चाहिए। जैसे–Shoes, Wheel Chair, Carcher etc.
8. सहायक सामग्री बच्चे को आत्मनिर्भर बनाने वाली होनी चाहिए।
9. सहायक सामग्री लचीली होनी चाहिए।
10. दैनिक क्रियाओं जैसे भोजन, शौच इत्यादि को करने में उपयोग किए जाने वाले यंत्रों में संशोधन कर प्रक्रियाओं को सरल बनाया जा सकता है। लेकिन यह संशोधन तब तक चलता रहना चाहिए, जब तक बच्चा सामान्य उपकरणों को इस्तेमाल करने में सक्षम नहीं हो जाता।

4. Muscular Dystrophy Disease: पेशीय दुष्पोषण

"पेशीय दुपोषण से वंशानुगत, अनुवांशिक पेशी रोग का समूह अभिप्रेरित है जो मानव शरीर को संचालित करने वाली पेशियों को कमजोर कर देता है और बहुदुपोषण के रोगी व्यक्तियों के जीन में वह सूचना अशुद्ध होती है या नहीं होती है जो उन्हें उस प्रोटीन को बनाने में निवारित करती है जिसकी उन्हें स्वस्थ पेशियों के लिए आवश्यकता होती है, इसकी विशेषता प्रगामी कंकाल पेशी की कमजोरी, पेशी प्रोटीन में त्रुटि और पेशी कोशिकाओं और टिशुओं की मृत्यु है।"

–दिव्यांगजन अधिकार अधिनियम, 2016

परिचय

मॉंसपेशीय क्षरण सर्वप्रथम 1890 में पहचानी गई। यह एक वंशानुगत बीमारी है जो धीरे–धीरे उम्र के साथ बढ़ती है। यह स्नायु मॉंसपेशीय दिव्यांगता के समूह में आती है। जिसमें मुख्य रूप से गामक नर्व कोशिका की रज्जु के ऐन्टीरियल हार्न सेल संल्पित होते है। रीढ़ रज्जू से पेशी को जाने वाले तंतुओं एवं स्नायुतंत्रीय जोड़ जो आवेग को रासायनिक प्रविधियों के द्वारा तन्तुओं तक पहुँचाता है सम्मिलित होता है। इसे मायोपैथी के नाम से भी जाना जाता है। इसमें बीमारी अथवा असमान्यता से मॉंसपेशी क्रियाएं अवरूद्ध हो जाती है। यह पूर्ण रूप से सभी मॉंसपेशियों को प्रभावित करते है। यह एक ऐसी

विकृति है जिससे माँसपेशियों का क्षरण होता है। जिसके परिणामस्वरूप पेशियों का कार्य प्रभावित होगा। यह अलग–अलग उम्र में अलग रूप से होती है। यह कुछ बच्चों में शैशवावस्था तथा कुछ बच्चों में किशोरावस्था में होता है। यह रोग जन्मजात नही होता। इस रोग में बच्चे के दोनों पैर प्रभावित होते है। इस रोग के कारण बच्चे की चाल असामान्य हो जाती है। जिससे चलने में कठिनाई होती है। श्वसनतंत्र के उचित संचालन के अभाव में श्वसन भी प्रभावित होता है। धीरे–धीरे यह तंत्रिका तंत्र को भी प्रभावित कर देता है। मानव शरीर के माँसपेशीय क्षरण के साथ–साथ जब तंत्रिका तंत्र भी प्रभावित होता है तो उसे मांसपेशीय क्षरण अथवा मायोपैथी कहते है। यह एक वंशानुगत बीमारी है जो बच्चे की माता द्वारा हो जाती है। यह एक ही परिवार के दो बच्चों को भी प्रभावित करती है। यह सात पीढ़ी तक भी प्रभावित कर सकती है।

परिभाषा

लगातार बढ़ने वाली और धीरे–धीरे फैलती हुई कमजोरी जिस में मांसपेशियां नष्ट हो कर उनके तंतुओं में चरबी तथा फॉसब्रस तंतु जमा होते है।

मांसपेशीय क्षरण के प्रकार

1. डयुशन मांसपेशीय क्षरण (Ducheme Muscular Dystrophy)
2. अर्ब जुवेनाइल क्षरण (Erb's Juvenile Dystrophy)

इन्फेन्टाइल टाइप अथवा फेसिओं हयूमरो स्कैपुलर टाइप (Infantile Type or Pacio Humero Scapular Type)

डयुशन मांसपेशीय क्षरण–यह तीन वर्ष से 8 वर्ष के बीच में होने वाली बीमारी है जो कमजोर नली के जोड़ की माँसपेशियों तक पहुंचती है इस प्रकार की माँसपेशियों के क्षरण में माँसपेशियों की जगह चर्बी जमा होने के कारण उनके आकार में वृद्धि होती है। जिससे यह सुडो हाइपरट्राफी अथवा सुढ़ा क्षरण सा आभास होता है। इस प्रकार के क्षरण में बच्चे को उठने के लिए कहा जाता है। तो वह सर्वप्रथम हाथ को जमीन पर रखता है फिर हाथ उठाकर घुटने के जोड़ पर रखकर उठता है। जिसे गोवर्स साइन के नाम से जाना जाता है इनकी चाल भी असामान्य हो जाती है। इस चाल को वैडलिग चाल के नाम से भी जाना जाता है। इसमें नितम्ब की मांसपेशियों में

पेक्टोरलिस मेजर ब्राइसेप्स, ट्राइसेप्स तथा जाँघ की हेमिस्ट्रिंग और एडक्लर पिगड़िका की गैस्ट्रोनेमियस आदि मांसपेशियां प्रभावित हो जाती है। कभी–कभी श्वसन क्रिया प्रभावित होने से बच्चे की मृत्यु हो जाती है अतः यह एक जानलेवा बीमारी है।

डयुशन मँासपेशीय क्षरण की पहचान के लिए बच्चों में निम्नलिखित लक्षणों की पहचान 5 से 10 वर्ष अवस्था में की जा सकती है। सर्वप्रथम पिण्डिका की मांसपेशियां इकट्ठा हो जाती है। थोड़ा दूर चलने में उसे थकान महसूस होती है।

कुछ बच्चे 10 वर्ष की आयु तक चलने–फिरने में असफल हो जाते है और बिस्तर पर पड़े रहते है। रीढ़ की हड्डी पर गंभीर मोड़ पैदा हो सकता है। पंजे के बल चलता है। इनमें से कुछ बच्चे मंदबुद्धि के भी होते है। चलते समय जल्दी–जल्दी एवं बहुत ही थोड़ी जगह पर पैर रखते है।

अर्ब जुवेनाइल क्षरण–इस प्रकार की मांसपेशीय क्षरण की प्रारंभिक अवस्था 12–16 वर्ष के बीच में होती है। यह स्पुडोहो पर क्षरण के बाद की स्थिति होती है लेकिन कभी–कभी यह 12–16 वर्ष के बाद भी हो सकती है। यह समस्या बहुत ही धीरे–धीरे बढ़ती हैं। यह पुरूष एवं स्त्री दोनों में होती है। यदि उचित रूप से देख रेख किया जाए तो रोगी लगभग अपना जीवन ठीक से जी सकता है।

लक्षण

इस प्रकार के मांसपेशीय क्षरण के निम्नलिखित लक्षण होते है जिनकी सही प्रकार से पहचान करके उचित देख–रेख एवं प्रबंधकीय कदम उठाए जा सकते है।

सर्वप्रथम कंधे की मांसपेशियों में क्षरण होता है। जिससे ऊपरी भुजाएं प्रभावित हो जाती है। कुल्हे की मांसपेशियों का क्षरण होता है। स्पाइल की मांसपेशियों का क्षरण होता है। इस प्रकार शरीर की समस्त मांसपेशियां आंशिक रूप से प्रभावित होती है। इनकी चाल असामान्य होती है।

इन्फेन्टाइल टाइप अथवा फेसिओं हयूमरो स्कैपुलर टाइप (Infantile Type or Pacio Humero Scapular Type)

प्रमुख रूप से छोटे बच्चों को प्रभावित करती है लेकिन कभी–कभी 11 वर्ष के बच्चों में भी हो सकती है। सर्वप्रथम मुख्य मांसपेशियों में क्षरण होता है।

आँख पूरी तरह से बंद नही होती। कंधे एवं भुजाओं की मांसपेशियां कमजोर हो जाती है।

शिक्षा

(Educational Implications)

लगातार बढ़ते हुए रोग के कारण नियमित रूप से पाठशाला जाने में कठिनाइयों का निर्माण होता है। इसके फलस्वरूप पाठशाला के कार्य में इनकी उपस्थिति कम रहती है। अतः पाठशाला की पढ़ाई में यह पिछड़े रहते है। पढ़ने की गति कम होने के कारण ऐसे बच्चों के लिए किसी विशेष शिक्षक द्वारा घर में उपायात्यक शैक्षिक कार्यक्रम देना सर्वाधिक प्रभावी रहता है किन्तु विशेष शिक्षा का यह प्रयत्न भी धीरे–धीरे कठिन होता जाता है क्योंकि जैसे–जैसे आयु बढ़ती है वैसे–वैसे बच्चे की थकान बढ़ती है एवं बच्चे की पढ़ने की प्रेरणा कम होती जाती है।

व्यवस्थापन

(Management)

अस्थि दिव्यांगता संबंधित शल्य चिकित्सा
सिकुड़न को सुधारने के लिए शल्य चिकित्सा
विकृति को सुधारने के लिए शल्य चिकित्सा

भौतिक चिकित्सा

1. सिकुड़न के रोकथाम के लिए मांसपेशियों को खींचना (निष्क्रिय व्यवसाय)
2. सक्रिय तथा अवरोध सहित सक्रिय व्यायाम
3. मांसपेशियों की उपलब्ध ताकत बनाए रखने के लिए व्यायाम, छाती की मांसपेशियों की ताकत तथा श्वसनक्रिया की क्षमता बनाए रखने के लिए व्यायाम।
4. आवश्यकतानुसार आर्थोटिक उपकरण तथा अन्य सहायक साधन।

5. Multiple Disabilities: बहु–दिव्यांगता

"बहु–दिव्यांगता (उपयुक्त एक या एक से अधिक विनिर्दिष्ट दिव्यांगताएं) जिसके अंतर्गत बधिरता, अंधता, जिससे कोई ऐसी दशा जिसमें किसी व्यक्ति के श्रव्य और दृश्य के सम्मिलित ह्रास के कारण गंभीर सम्प्रेषण, विकास और शिक्षण संबंधी गंभीर दशाएं अभिप्रेत हैं।"

–दिव्यांगजन अधिकार अधिनियम, 2016

इसमें बाकि की सभी 20 दिव्यांगताएं सम्मिलित है जो इस अधिनियम में लिखी गयी हैं। दो या दो से अधिक दिव्यांगताओं के होने को ही बहु–दिव्यांगता माना जाता है।

Concept of Multiple Disabilities

बहु–दिव्यांगता–बहु–दिव्यांगता का तात्पर्य दो या दो से अधिक दिव्यांगता का होना है।

बहु–दिव्यांगता की परिभाषा

फेडरल परिभाषा (विकलांग जन शिक्षा अधिनियम 1990) के अनुसार कुछ ऐसी क्षतियाँ (जैसे मानसिक मंदता–चक्षुहीनता, आर्थोपेडिक क्षति इत्यादि) को बहु–दिव्यांगता में सम्मिलित किया गया था लेकिन शैक्षिक स्तर में तीव्र समस्या, बहरे चक्षुहीन की बहु–दिव्यांगता में सम्मिलित नहीं किया गया था।

बहु–दिव्यांगता के प्रकार

एक से अधिक दिव्यांगता से ग्रसित व्यक्ति को बहु–दिव्यांग कहते हैं। यह प्रायः निम्नलिखित प्रकार की हो सकती है।

1. **श्रवण अक्षम एवं दृष्टि बाधित**–जब व्यक्ति बाह्य वातावरण की ध्वनि को सुनने में अक्षम होने के साथ–साथ किसी वस्तु इत्यादि को सामान्य दूरी पर स्पष्ट रूप से देखने में अक्षम होता है, तो उसे श्रवण एवं दृष्टि बाधित बहु–दिव्यांग कहते हैं।
2. **दृष्टि बाधित, श्रवण अक्षम एवं मानसिक मंदता**–जब किसी व्यक्ति में सोचने, समझने, सीखने, निर्णय लेने आदि में देरी अथवा अक्षमता हो, बाह्य वातावरण की ध्वनि को सुनने में अक्षम हो एवं सामान्य दूरी पर किसी वस्तु को स्पष्ट देखने में कठिनाई हो रही हो तो उसे दृष्टि बाधित, श्रवण अक्षम एवं मानसिक मंदता से ग्रसित बहु–दिव्यांग कहते हैं।
3. **दृष्टि बाधित एवं मानसिक मंदता**–कभी–कभी सीखने में अक्षम एवं सामान्य परिवेश में वस्तु की स्पष्ट देखने में कठिनाई हो, तो उसे दृष्टिबाधित एवं मानसिक मंदता कहते हैं।
4. **प्रमस्तिष्कीय पक्षाघात एवं मानसिक मंदता**–मस्तिष्कीय क्षति होने के साथ–साथ उसके अंग लकवा ग्रस्त हो, मांसपेशियां असामान्य हो तथा सोचने, समझने, सीखने एवं निर्णय लेने में अक्षम अथवा कठिनाई हो तो उसे प्रमस्तिष्कीय पक्षाघात एवं मानसिक मंदता से ग्रसित बहु–दिव्यांग कहते हैं।
5. **दृष्टि बाधित, श्रवण, अक्षम एवं गामक अक्षमता**–श्रव्य एवं दृश्य समस्या के साथ जब किसी व्यक्ति को चोट अथवा दुर्घटना के कारण शारीरिक दिव्यांगता हो जाती है तो उसे दृष्टि बाधित, श्रवण अक्षम एवं गामक अक्षमता से ग्रसित बहु–दिव्यांग कहते हैं।
6. **मानसिक मंद शारीरिक अक्षमता**–मानसिक मंदता के साथ यदि उसे शारीरिक समस्या होती है जिसके कारण वह चलने–फिरने में असमर्थ हो जाता है तो उसे मानसिक एवं शारीरिक दिव्यांग कहते हैं।

बहु–दिव्यांगता के लक्षण

बहु–दिव्यांगता दो या दो से अधिक दिव्यांगता का मिला–जुला रूप होता है। विभिन्न प्रकार की दिव्यांगता से जुड़े बहु–दिव्यांगता के निम्नलिखित लक्षण हो सकते हैं।

- बहु–दिव्यांगता में बच्चों की शारीरिक विकास की प्रक्रिया धीमी होती है। जैसे–गर्दन नियंत्रण, बैठना–घुटने के बल चलना, खड़ा होना इत्यादि।
- शौच नियंत्रण का अभाव होता है।
- कुछ बच्चों को निगलने, चबाने, हाथ के उपयोग इत्यादि कौशल में अक्षमता होती है।
- वे आसानी से देखने, सुनने, स्पर्श, गंध, स्वाद नहीं समझते है।
- वे स्पष्ट रूप से अपनी भावनाओं, विचारों एवं आवश्यकताओं को व्यक्त नहीं कर सकते हैं।
- वे उन नये कौशलों को नहीं सीख पाते हैं, जिसे दूसरे को करते देखते हैं।
- वे सीखने में धीमे अथवा अक्षम होते हैं।
- कुछ बहु–दिव्यांग बच्चे ऐसे भी होते हैं जो अपनी भावनाओं को नियंत्रित नहीं रख पाते हैं और समस्या उत्पन्न करते हैं। जैसे–सामान फेंकना, स्वयं को चोट पहुँचाना या दूसरे को चोट पहुँचाना इत्यादि।
- कुछ बच्चे ऐसे होते हैं, जो किसी घटना को बहुत ही अल्प समय तक याद रखते हैं।
- उनमें भावनात्मक लगाव का अभाव होता है।
- कार्य के छोटे से छोटे चरण को सीखने में अधिक समय लेते हैं एवं जल्दी भूल जाते हैं।
- उन्हें सीखने एवं जीने के लिए अधिक से अधिक मदद की जरूरत होती है।

- किसी छोटे से छोटे कार्य को सिखाने के लिए परिमार्जित तकनीकी का सहारा लेना पड़ता है।
- इनमें देखने, सीखने एवं पढ़ने–लिखने की समस्या होती है।
- दो साथ–साथ अक्षमता होने की वजह से बहु–दिव्यांग बच्चे सम्प्रेषण कौशल एवं एक स्थान से दूसरे स्थान तक जाने हेतु दूसरे पर आश्रित होते हैं।

बहु–दिव्यांग बच्चों के शिक्षण एवं पाठ्यक्रम (Teaching and Curriculum for Children with Multiple Disabilities)

बहु–दिव्यांग बच्चों की समस्या अलग–अलग बच्चे में अलग–अलग प्रकार शिक्षण प्रशिक्षण कार्यक्रम बनाया जाता है। प्रत्येक बच्चे उसकी जरूरत के अनुसार एवं समस्या के अनुसार तैयार किया जाता है।

बहु–दिव्यांग बालक को शिक्षित करना बहुत ही कठिन कार्य है। इसके लिए बहु विशेषज्ञ दल की आवश्यकता पड़ती है। प्रत्येक क्षेत्र को ध्यान में रखकर बहु–दिव्यांग बच्चों का कार्यक्रम बनाया जाता है।

प्रसिद्ध हेलन केलर श्रवण, दृष्टि, वचन और संवेग क्षेत्र में अपंग भी, परन्तु माता–पिता के प्रयास तथा अपने आत्मबल के कारण वह अपनी अपंगता पर विजय प्राप्त करने में सफल रहीं, उन्होंने स्वतंत्रतापूर्वक अपना जीवन बिना किसी सहारे के व्यतीत किया। इनकी शिक्षा में निम्न बातों का ध्यान रखना चाहिए।

1. शारीरिक न्यूनता होने के बावजूद इनकी बुद्धि ज्यादातर सामान्य होती है। अतः उन्हें शिक्षा द्वारा मानसिक विकास के लिए पूर्ण अवसर देना चाहिए।
2. शिक्षा द्वारा उनके अन्दर इस प्रकार की भावना उत्पन्न करनी चाहिए जिससे वे अपनी हीनता कम कर सकें और उपयुक्त से उपयुक्त व्यवहार को विकसित कर सकें।
3. बहु–दिव्यांग बालक के शारीरिक अक्षमता को देखते हुए विद्यालय में उनके लिए विशेष प्रकार के मेज, कुर्सी आदि होनी चाहिए।
4. ऐसे बच्चों के लिए विद्यालय में रेम्प एवं कक्षा में उचित जगह होनी चाहिए।

5. बहु–दिव्यांग बच्चों को व्यवसायिक शिक्षा देनी चाहिए। जो उनकी शारीरिक न्यूनता ग्रसितता में बाधक न हो। उसे बैठने वाली कुर्सी व उसकी समस्याओं को ध्यान में रखते हुए उनकी शिक्षा का चुनाव करना चाहिए।

इसके अतिरिक्त कुछ विशेष प्रयास भी करने पड़ेंगे।

1. **पृथकीकरण**–बहु–दिव्यांग बालक भिन्न–भिन्न प्रकार की दिव्यांगता से पीड़ित होते हैं। अतः इनके लिए विशेष व्यक्तिगत ध्यान की अति आवश्यकता होती है। इसीलिए इनकी समस्याओं को ध्यान में रखते हुए इन्हें सामान्य स्कूल में भेजना चाहिए। जहां साधन अध्यापक, विशेषज्ञ तथा मनोवैज्ञानिक की देखरेख में बालक शिक्षा ग्रहण करेगा। परन्तु यदि दिव्यांगता गम्भीर है और बालक दो से अधिक प्रकार की दिव्यांगता का शिकार है तो उसके लिए विशेष विद्यालयों का आयोजन करना चाहिए क्योंकि जिन अनेक उपकरणों, विशेषज्ञों, चिकित्सा सुविधाओं और मनोचिकित्सकों की आवश्यकता ऐसे बालकों की है। वह प्रत्येक सामान्य बालक हेतु बनाये विद्यालयों में उपलब्ध नहीं करायी जा सकती है। इन पृथक विद्यालयों में बालक को यदि पूर्वकालिक रहने की सुविधा दी जाए तो वह बालक के लिए अधिक सुविधाजनक और लाभप्रद होगा। इसका कारण यह है कि बालक चौबीस घण्टे विशेषज्ञों की देखरेख में रहेगा और विशेष उपकरणों की सुविधा प्राप्त कर सकेगा।

2. **शैक्षिक सुविधाएं**–बहु–दिव्यांग बालक को कुछ विशेष सुविधाओं की आवश्यकता होती है। एक अपंग बालक अथवा ऐसा दिव्यांग बालक जो दो या दो से अधिक दिव्यांगता से ग्रसित है। जैसे–श्रवण बाधित बालक को शिक्षित करने के लिए चमकीली रोशनी का प्रयोग किया जाता है। परन्तु एक ऐसे बालक के लिए जो श्रवण क्षतियुक्तता से पीड़ित तो है ही, साथ ही दृष्टि बाधित भी उसके लिए चमकीली रोशनी कोई अर्थ नहीं रखती है। इसी प्रकार रंग द्वारा गूंगे और बहरे बालकों को पढ़ाया जा सकता है। परन्तु बहरे–अन्धे बालक को नहीं, कहने का तात्पर्य यह है कि यह समझना कि जो सुविधाएं हम एक ऐसे बालक को देते हैं। जो अन्धा है, और जो सुविधाएं हम एक ऐसे बालक को देते हैं जो बहरा है। उसका समुच्चय उस बहु–दिव्यांग बालक को दिया जा सकता है, जो दृष्टिबाधित एवं श्रवण बाधित है। बहु–दिव्यांग

बालक हेतु उसकी दिव्यांग के विभिन्न संचयों के अनुसार शैक्षिक प्रोग्राम बनाया जाना चाहिए।

सम्प्रेषण प्रशिक्षण
(Communication Training)

बहु–दिव्यांग बालकों को दो या दो से अधिक समस्याओं को देखने को मिलती है। जिसमें से कभी–कभी मानसिक मंदता के साथ श्रवण बाधित या फिर दृष्टि बाधिता के साथ श्रवण बाधित या फिर वाणी समस्या ज्यादातर श्रवण बाधित बच्चों को वाणी की समस्या पायी जाती है या फिर शारीरिक दिव्यांगता के साथ भी वाणी समस्या पायी जाती है।

इसके लिए सम्प्रेषण प्रशिक्षण देने की आवश्यकता होती हैं। यह प्रशिक्षण जितना जल्दी प्रारम्भ करे उतना ही अच्छा परिणाम मिलता है। अर्थात् शीघ्र हस्तक्षेप करना चाहिए।

इसके कुछ महत्वपूर्ण उपचार विधियाँ निम्नलिखित है।

1. **वाणी चिकित्सा (Speech Therapy)**–अगर बच्चे को किसी भी प्रकार का वाणी समस्या है, जैसे बोलने में हकलाना, इसका कारण मनोवैज्ञानिक हो सकता है क्योंकि बहु–दिव्यांग बच्चे अपनी समस्याओं के कारण हिचकिचाते हैं। कई बार तो उनकी जो कुछ वह कहना चाहते हैं वह उसके मन में ही रह जाती है। वाणी एवं श्रवण केन्द्र में प्रशिक्षित व्यक्तियों द्वारा इन बालकों की वाणी चिकित्सा या भाषा चिकित्सा दी जाती है। बच्चों को इन केन्द्रों पर सहयोग पूर्ण वातावरण उपलब्ध कराया जाता है। उनके प्रयासों को प्रोत्साहित किया जाता है तथा उनके समक्ष भाषा के अच्छे प्रतिमान प्रस्तुत किये जाते हैं।

2. **वाणी प्रशिक्षण**–यह बहु–दिव्यांग बच्चों में उन बच्चों के लिए होते हैं जो कोई एक समस्या के साथ ही साथ गूंगे होते हैं अथवा जिनमें भाषा का बिल्कुल विकास नहीं होता है। इन बालकों को संकेतों के माध्यम से अपनी बात कहने का प्रशिक्षण दिया जाता है। इसके अतिरिक्त भौंह संचालन, मुख मुद्रा तथा मुंह अथवा नाक से विशेष स्वर निकालने का प्रशिक्षण एवं अभ्यास कराया जाता है। उदाहरण–मुंह पर हथेली से दबाव डालकर फूंक मारते हुए तेजी से हथेली हटाने पर 'फ' की आवाज निकलती है।

3. **चिकित्सीय उपचार**–यदि किसी आंगिक दोष के कारण वाणी दोष है, तो चिकित्सा अथवा शल्य चिकित्सा द्वारा उपचार किया जाता है। कटे

हुए होंठ तथा जुड़े तालू को सफलतापूर्वक उपचार किया जा रहा है। अधिकतर बोलने के दोष स्कूल से आरम्भ होते हैं। बालकों को बोलने के दोषों से बचाने के लिए निम्नलिखित उपाय किये जा सकते हैं।

- स्वरतन्त्र को बुरी प्रकार से प्रयोग से बचाना।
- एक अच्छे आधारभूत स्कूल प्रोग्राम का प्रबन्ध करना।
- बाल्यकाल में होने वाले कुसमायोजन की ओर ध्यान देना। इसके उनमें भय आदि संवेग नहीं उत्पन्न होंगे।
- बहुत से बालक स्कूल में या फिर घर पर किसी भी कारण हकलाते हैं। चाहे वह केवल घर में या फिर स्कूल में या कोई कार्य कहे जाने पर इन सब कारणों का पता लगाकर उसके कारणों का विश्लेषण करके उसकी समस्याओं को दूर करना चाहिए। उसका अलग से समूह न बनाकर उसे सभी सामान्य व्यक्ति के बीच रखकर उसके स्कूल के अध्यापक एवं घर में अभिभावकों को सूचना देना चाहिए एवं उसके उचित हस्तक्षेप के लिए उनकी सहायता लेनी चाहिए।

श्रवण एवं दृष्टिबाधित (Deafblindness)

जिन व्यक्ति में श्रवण के समस्या के साथ ही साथ दृष्टि समस्या भी पायी जाती है उसे Deafblindness कहा जाता है। डेफब्लाइन्ड का तात्पर्य पूरी तरह से श्रवण क्षति या पूरी तरह से दृष्टि बाधित है। ज्यादातर लोग जो डेफब्लाइन्ड है उनके पास कुछ अवशिष्ट सुनने एवं देखने की क्षमता रहती है।

परिभाषा

1995 PWD Act के अनुसार–एक व्यक्ति को संयुक्त दृष्टि और श्रवण दुर्बलता, संचार सूचना और गतिशीलता तक पहुंच के साथ कठिनाइयों का कारण बनती है। उसे Deafblindness कहते हैं।

NICHCY के अनुसार–श्रवण एवं दृष्टि बाधित व्यक्ति जो कोई व्यक्ति सुन या देख नहीं सकता है। जिसके पास दृष्टि और श्रवण दोनों में कुछ हद तक नुकसान है। दृष्टि या श्रवण दोनों में हानि की मात्रा एक व्यक्ति से दूसरे व्यक्ति में भिन्न होगी।

श्रवण एवं दृष्टि बाधित के प्रकार
(Types of Deafblindness)

1. जन्मजात दृष्टि एवं श्रवण बाधित—अगर कोई व्यक्ति दृष्टि और श्रवण हानि के साथ पैदा होता है। यह गर्भावस्था के दौरान संक्रमण समय से पहले जन्म, जन्म के आघात और दुर्लभ आनुवंशिक स्थितियों के कारण हो सकता है।

2. अधिग्रहित दृष्टि एवं श्रवण बाधित—यदि कोई व्यक्ति जन्म के बाद दृष्टि और श्रवण हानि होती है। यह विकृति किसी बीमारी, दुर्घटना या उम्र बढ़ने के परिणामस्वरूप कोई भी किसी भी समय यह समस्या होती है तो उसे अधिग्रहित दृष्टि एवं श्रवण बाधित (Deafblindnes) कहते है।

3. जन्मजात श्रवण बाधित के साथ अर्जित दृष्टि बाधित Congenitally Deaf with Aquired Blindness—यह ज्यादातर बुजुर्गों को होता है। उदाहरण के लिए जब एक वृद्ध व्यक्ति अपनी सुनने की शक्ति खो देता है और जब वो और वृद्ध हो जाते है। तब उनकी दृष्टि भी धीरे–धीरे खोने लगती है।

4. जन्मजात बधिर और अधिग्रहित दृष्टि का नुकसान—श्रवण बाधित बच्चा पैदा होता है। लेकिन किसी कारणवश वह बाद में दृष्टि बाधित हो जाता है।

5. जन्म के समय दृष्टि बाधित और अधिग्रहित श्रवण हानि—दृष्टि बाधित पैदा होता है कुछ कारणवश बाद में वह श्रवण बाधित हो जाता है।

6. आकस्मिक रूप से श्रवण बाधित और आकस्मिक रूप से दृष्टि बाधित।

श्रवण एवं दृष्टि बाधित के लक्षण
(Characteristics of Blindness)

- आसानी से सुनने में कठिनाई होती है, नेत्र से रूक–रूक कर अथवा लगातार पानी गिरना।
- आसानी से किसी भी बात को समझने में कठिनाई होती है। नेत्र का लाल होना।
- वे स्पष्ट रूप से अपनी भावनाओं, विचारों एवं आवश्यकताओं को व्यक्त नहीं कर सकते है। नेत्र की असामान्य गति।

- वे उन नए कौशलों को नहीं सीख पाते है जिसे दूसरे को करते देखते है। देखने में कठिनाई होना, किसी वस्तु पर नजर न टिकना।
- श्रवण क्षतिग्रस्त होने के कारण श्रवण बधिर बच्चे अपने उम्र के बच्चों के साथ समायोजन नहीं कर पाते वे अपने को सामान्य से भिन्न समझने लगते है और अलग–अलग रहने लगते है। सिर दर्द की शिकायत करना या आँख में संक्रमण की शिकायत करना।
- श्रवण अक्षम होने के कारण उनमें भाषा का विकास भी बहुत कम या बिल्कुल नहीं होता है। छोटी लिखावट पढ़ने में कठिनाई का अनुभव करना अथवा छोटे चित्रों का अनुभव नहीं होना।
- ऐसे बच्चों अपने बातों को व्यक्त करने के लिए सांकेतिक भाषा का उपयोग करते है। दोनों आँखों के समायोजन की समस्या एवं देखने में केवल एक आँख का उपयोग करना।
- ऐसे बच्चों का वाणी एवं भाषा का विकास पूरी तरह से नहीं हो पाता है। जो बच्चे दृष्टि या प्रकाश के प्रति अपनी अनुक्रिया नहीं प्रदर्शित करते है।
- वे सरलता से उच्च शिक्षा ग्रहण नहीं कर पाते है। नेत्रहीन बच्चों का भाषा विकास सही प्रकार से नहीं होता है।
- इन बच्चों में सामान्य बच्चों की अपेक्षा शैक्षिक उपलब्धि कम होती है। वस्तु को या पुस्तक को आँख के एकदम पास रखता है।
- इनके लिए श्रवण यंत्र का उपयोग जरूरी होता है। श्यामपटट् से नकल करने के लिए साथियों की कापी से नकल करता हो। दूर की वस्तु को देखने के लिए असामान्य रूप से सिर को आगे पीछे करता हो।
- **Visual Impaired:-** Visually Handicap के लिए Education Facilities देश में विशेष विद्यालय के लिए Exist करती है। ऐसे विद्यालय में विशेषकर शिक्षक के द्वारा Braille का Use किया जाता है। इस प्रकार का Curriculum Normal School को भी Mend (सुधारना) करता है। सभी प्रकार की सहायता और Support बच्चों को देनी

है। Academics Mobility Training, Music, Social Activities आदि के लिए। स्कूलों में Integrated Education लेने हेतु Visual Handicap और Partially Sighted बच्चों लिए Alternative Facility होनी चाहिए।

- **Integrated education for V.H:-** बच्चों को नियमित कक्षा में Education दे सकते है। परन्तु Curriculum Normal बच्चों की तरह होना चाहिए परन्तु V.I बच्चे Touch और Hearing का शीघ्र ही Information प्राप्त करते हैं। इनकी Teaching में Multi Sensory और प्रदर्शित Curriculum भी जोड़ना चाहिए। इस Curriculum के साथ Brialle, उपकरण का प्रयोग, Orientation और Mobility Social Skils. All Skill & Sensory Training भी Include होता है।
- Co-curricular भी Include की जानी चाहिए जिससे की Blind Children विकास कर सकते है जैसे–Music, Devate, Writting, Physical Intellectual Activity like Exercise आदि।
- Orientation & Mobility:-
- V.I . बच्चों में Orientation & Mobility Skills भी विकसित होना चाहिए। यह Senses पर आधारित है Hearing, Touch, Smell Tasked Kinesthetic (सुनना, छुना, सूंघना, कौशल) जिनको कि विभिन्न तकनीकों के द्वारा विकसित किया जा सकता है जैसे–Guide Dogs, Sighted Guide in Long Cane Technique, Safety तकनीक, Electronic and Lisure Cane, Yelets of Light a Pure or Glasses अर्थात् Sonic Crude.
- Orientation & Mobility अधिकतर V.I की शिक्षा में उपयोगी होता है सामान्यतः Orientation और Mobility की Short Form के द्वारा संकेत करता है। Orientation और Mobility दोनों शब्दों का अलग–अलग अर्थ होते, हुए भी एक–दूसरे से सम्बन्धित है। जिसे कि कुछ शब्दों से ढूंढा जा सकता है।
- Orientation कुछ भी नही है परन्तु वातावरण में कहां पर स्थिति है उसकी Position क्या है यह प्रश्न है? अगर आप कमरे में Book पढ़ रहे हो तो तुम्हारे Table की Position Room में कहा है और Room की घर में स्थिति और घर की शहर या गांव में Position क्या है इस प्रकार से अपने Orientation को Consider किया जाता है।

- इस प्रकार Orientation से यह पता चलता है कि कौन सी दिशा है और महत्त्वपूर्ण Place जिससे हम सम्बन्धित है के बारे में पता चलता है।
- Goal of Orientation & Mobility:-
- Orientation और Mobility का Blind व्यक्ति के लिए अंतिम उद्देश्य है Move. इसमें Safety, Independence (निपुणता) Efficiently, Gracefully (सुंदरता), Utilising (काम में लाना) आदि का Orientation & Mobility कौशलों के लिए मिश्रण है।
- Various Ways of Orientation & Mobility:-
- Visual Impaired लोगों के लिए बहुत से तरीके उनके चारों और घूमने के लिए Use किए जाते है। जैसे–

1. **Sighted Human Child:-** इस Method में यदि कोई व्यक्ति जिसकी Vision नहीं है तो किसी ऐसे व्यक्ति की Travel करने के लिए सहायता ले सकता है जिसको यह परेशानी नहीं है और वह व्यक्ति पूरी तरह से स्वस्थ भी होना चाहिए। यह उस समय बहुत ही आवश्यक है जब यात्रा किसी नई जगह करनी है यहां की गलियों, सड़कों, भवनों के बारे में परिचित न हो।
2. **Trained Guide Dogs:-** इस विधि में दृष्टिहीन व्यक्ति ऐसे कुत्ते का प्रयोग कर सकता है जो कि प्रशिक्षित है। केवल कुछ ही ऐसी नस्ले है कुत्ते की जो कि प्रशिक्षित है और वी.आई. व्यक्ति को गाईड कर सकती है। व्यक्ति का कुत्ते के साथ परिचित होना भी आवश्यक है। दृष्टिहीन व्यक्ति और कुत्ते को अच्छे दोस्त बनने देना चाहिए। जिससे कि प्रशिक्षित कुत्ते को प्रोग्राम में शामिल किया जा सके जो कि दृष्टिहीन व्यक्ति के टहलने के लिए प्रयोग किये जाते है।
3. **Walking Cane or Mobility Cane:-** दृष्टिहीन व्यक्ति के लिए यह भी महत्वपूर्ण है भारत में अधिकतर वी.आई. व्यक्ति इसकी सहायता से ही यात्रा करते हैं। दृष्टिहीन व्यक्ति लम्बी केन की सहायता से जिसको फोल्ड भी किया जा सकता है

चलते हैं। यह एक उचित तकनीक है जो कि दृष्टिहीन व्यक्ति के लिए बहुत उपयोगी भी है। व्यक्ति केन का उपयोग प्रशिक्षित होने पर ही कर सकता है।

- **Living Skills for V.I.:-** इसमें यह कौशल शामिल किए जाते है– भोजन करना, यात्रा, शारीरिक हाइजीन, पोशाक, कपड़े धोना, हेण्डलींग, पैसा, शोपिंग, इलेक्ट्रानिक की चीजों को प्रयोग करना, फोन का प्रयोग, शेविंग, भोजन तैयार करना, जगहों की साफ–सफाई और दवाईयों का प्रयोग भी।
- A.D.L. कौशल प्रशिक्षित कार्यक्रम में निम्नलिखित विचारों को जाना जा सकता है–
  1. वी.आई. बच्चों को A.D.L. Skills का Idea देना।
  2. उसकी मास्टरिंग में आ रही कठिनाईयों को Diagnose करना।
  3. प्रशिक्षण के सम्बन्धी पूर्व उपेक्षाएं Provide करना।
  4. Skill का Grade देना अर्थात् कौन सा Skill पहले सिखाना।
  5. कौशलों को Teaching करने में Aids का उपयोग करना।
  6. यह ,देखना कि जो Gain (प्राप्त) किया उसको स्थिर रखना।
- वी.आई. बच्चा A.D.L. Activities में Feeding, Bathing में और Toileting में प्रशिक्षण पर अधिक संकेत दिए जाते हैं और संप्रेषण, संवेगात्मक और सामाजिक तथा बौद्धिक विकास के लिए बहुत सारे अवसर दिए जाते हैं जो कोई भी बच्चे के साथ काम कर रहा है उसको बच्चे की विशेषताओं का ध्यानपूर्वक जांच करना चाहिए। सामाजिक वातावरण के साथ बच्चे की अंतःक्रिया करना।
- जो भी कौशल का चयन बच्चे के विकास के लिए किया है उसमें माता–पिता व बड़ो कि सलाह होनी आवश्यक है। किसी भी कौशल को आईडेन्टीफाई (पहचान) करने के लिए परिवार को प्राथमिकता दी जाती है और बच्चे के लिए एक्टीविटी तैयार की जाती है। उदाहरण के लिए–एक बच्चा जो कि खाना–खाते समय बहुत इंजोय करना पसंद करता है। अधिकतर शाकाहारी फल का चयन करने पर। परन्तु एक बच्चा जो कि ओरली या Tactitly (स्पर्शनीयता) या Touch Sensitive जैसी Instruction को पसंद नही करता है। इसलिए यह महत्वपूर्ण है कि प्राइमरी Caregive या माँ

को बच्चे के साथ निरन्तर अंतक्रिया स्थापित करनी चाहिए जैसे कि उसकी बच्चे की अधिकतर वस्तुओं को Observe करना चाहिए जो वह जो वह प्रयोग करता है। यदि वे नहीं जानते कि Importation का प्रयोग कैसे करना है बच्चे की जरूरत को पूरा करने के लिए तो उसमे यह योग्यता विकसित करनी है।

- कौशल की Functionality होना आवश्यक हैं ताकि बच्चा Actively और इच्छित रूप से अन्य के साथ Participate कर सके उदाहरण– Self Feeding कौशल की Teaching के द्वारा केवल बच्चा Independent नहीं बनेगा बल्कि उसको Family Member के साथ अंतक्रिया को भी बढ़ावा मिलेगा। बच्चे को फल या बिस्कुट दे रहे हैं तो उसे Choice देकर एक चीज लेने के लिए सिखा सकते हैं। इससे Need को पूरा करने के लिए वहां तक पहुंच सकता है संप्रेषण कर सकता है तथा Objects को Naming भी कर सकता है।
- प्रशिक्षण देते समय विकासात्मक तथा आयु के उपयुक्त कौशलों पर Focus करना चाहिए। एक बालक जो Totally Blind है प्रायः Family Members को पहचानने के लिए Hearing का प्रयोग करता है। यह भी महत्वपूर्ण है कि बालक की Existing Strength को Focus तथा बालक की आवश्यकता को और Touch का प्रयोग करने की Alternative Strategies को Encourage करना। Parents या Siblings का वी0आई0 बच्चे को बिना उसकी Information के अकेले नहीं छोड़ना चाहिए अन्यथा बच्चे को कमरे में खाली जगह के बारे में बताना चाहिए। बच्चे को Land Mark (चिन्ह) Explain करे जैसे टेबल की पोजिशन या लटके हुए कपड़े या Source of Heat या अन्य कोई Land Mark, इस सम्बन्ध में सब कुछ संकेत उसको अच्छे तरीके से देने चाहिए। जिससे कि बच्चा कमरे में अपनी पोजिशन को जान जाए तथा निर्णय ले सकेगा कि कहां जाएगा। इस प्रकार से बालक कि दिमाग में खाली जगह का मैप विकसित करने से सहायता की जा सकेगी तथा उसकी जिज्ञासा को बढ़ाने में भी सहायता की जा सके। इससे उसकी स्वतंत्र चाल में सहायता होगी लगभग सीमित जगह में इसको बढ़ावा दिया जा सकता है।

- बालक को ओब्जेक्ट की टच, हियर, टेस्ट या स्मैल के लिए जानना है उसकी पहचान के लिए बालक को उत्साहित करें। इससे बालक की भाषा का मैमोरी का और वस्तुओं की कैटेगरी में वर्गीकरण का विकास होता है ताकि बालक के प्रोसेस कौशल बढ़ावा मिलेगा। छोड़ा गया स्पेश हो सकता है कम हो परन्तु साफ तरीके से वस्तुओं का ढेर लगाकर रखना चाहिए। जिस जगह पर बालक बैठा है वह चमक फ्री होना चाहिए उच्च कंट्रास्ट अंतर भेद के साथ डिटेल से लिटिल अटेन्शन और परिवार सदस्य का सहयोग आदि।
- वी.पी.जी.पी. Tectual P, Modelling the Activity & P.P को देने के लिए इस प्रकार के उदाहरण है–
- Visual & Tacting Prompts-बच्चा चावल की Bowel की ओर देखता है और अभिभावक का बच्चे को इसको स्पर्श करने के लिए छोटे तथा Taste के लिए उत्साहित करना है।
- G.P:-Parents Low Vision बच्चे के लिए Bowel & Rice को पोईंट कर सकते हैं।
- चावल तैयार अच्छे सोफ्ट है और छोटे भी है।
- शाब्दिक सहायता
- Caregiver, Mother Desire Behavior को Modelling कर सकते है चावल कैसे खाना है। यह बच्चे को दिखाना है। स्पर्श से कैसे वह चावल अपने मुंह तक ले जाती है उसकी हाथ को अपनी गाल पर लगाती है कि कैसे चबाना है।
- शारीरिक सहायता माँ बच्चे के हाथ या कोहनी को चावल उठाने के लिए चम्मच या हाथ से सहायता करती है।

सुविधाएं एवं शैक्षणिक नियुक्ति

अमेरिका में तैयार कुछ इस प्रकार के प्रोग्राम की सूची निम्नलिखित है।

1. एम0आई0टी0 प्रोग्राम
2. कुछ जैव–चिकित्सकीय इंजीनियरिग विशेषज्ञों ने अभिनव साधनों जिनकी सहायता से दिव्यांग बालक गति कर सकते हैं और अपने को संचारित कर सकते हैं।

3. सेटली में एक स्नायु शारीरिक वैज्ञानिक, विद्युत इंजीनियर और इलेक्ट्रॉनिक तकनीशियन ने मिलकर एक ऐसा प्रोग्राम बनाया है जिसमें कुछ ऐसे उदाहरण है—
   (अ) बहु–दिव्यांग को सिर सन्तुलन में सहायता करते हैं।
   (ब) मांसपेशियों को नियन्त्रण करने में सहायता करते हैं।
   (ग) श्रवण उत्तेजकों को संचार हेतु दृश्य चित्रों में परिवर्तित कर देते हैं।
4. **शिक्षण**—सभी बहु–दिव्यांग बालकों के लिए एक सी शिक्षण व्यवस्था नहीं हो सकती है। बहु–दिव्यांग बालकों को शिक्षित करने के दो उद्देश्य होते हैं।

1. **गामक क्रियाओं का शिक्षण**—जिन गामक क्रियाओं का शिक्षण किया जाना है।

(1) बैठना	(2) खड़े होना	(3) पानी पीना
(4) खाना खाना	(5) खड़े रहना कुछ समय तक	(6) चलना
(7) खेल कौशल सीखना	(8) शौच क्रिया	

2. **बौद्धिक कार्य सिखाना**—बौद्धिक कार्य सिखाने के लिए सम्पूर्ण तैयारी और कार्य विश्लेषण की आवश्यकता है। संगीत और कला मुख्यतः निम्नलिखित रूप से सहायक सिद्ध होती है।
   1. गति शिक्षण
   2. सम्बोधन शिक्षण
   3. सामंजस्य शिक्षण
   4. विश्राम

4. **मुख्य धारा में लाना**—सभी बहु–दिव्यांग बालकों को मुख्य धारा से नहीं जोड़ा जा सकता है। परन्तु कुछ बहु–दिव्यांग बालकों को प्रारम्भिक प्रशिक्षण के उपरान्त सामान्य बालकों वाले विद्यालयों में बैठाया जा सकता है और बैठाना भी चाहिए। ऐसे बहु–दिव्यांग बालक जो सीमित रूप से दिव्यांगता से पीड़ित हो उन्हें सामान्य बालकों के साथ बैठाकर पढ़ाना चाहिए। जैसे एक बालक अपंग है। थोड़ा बोलने का दोष रखता है और कम देखता है। यह सीमित बहु–दिव्यांग बालक सामान्य कक्षा में प्रवेश लेने योग्य है।

5. **शैक्षिक और व्यावसायिक निर्देशन**–बहु–दिव्यांग बालक को शिक्षा के अन्तर्गत उसे शैक्षिक और व्यावसायिक निर्देशन देना भी शामिल है। बालक को किन कौशलों को सिखाना चाहिए कि वह समुचित व्यवसाय कर सके, यह निर्देशन का उद्देश्य है। कुछ बहु–दिव्यांग बालक छोटे–मोटे कार्य तथा वस्तुएं रखना–उठाना, दरवाजा खोलना, बन्द करना, ढक्कन उठाना, लेबल लगाना, कागज मोड़ना आदि कर सकते हैं। अतः फैक्टरी मालिकों से सहयोग कर ऐसे बालकों को उनकी क्षमतानुरूप इन कौशलों की शिक्षा दी जानी चाहिए।

व्यवहार परिमार्जन हस्तक्षेप
(Behaviour Problems and Intellection)

बहु–दिव्यांग बच्चों में दो या दो से अधिक समस्याओं के कारण इन बच्चों में समस्या व्यवहार भी अधिक देखने को मिलती है। व्यवहार परिमार्जन बहु–दिव्यांग बच्चों के उपचार पूर्व व्यवहार परिमार्जन का उपयोग किया जाता है। इसका उपयोग मुख्यतः बच्चों में अवांछनीय व्यवहार को दूर करने के लिए किया जाता है। इसमें वांछनीय व्यवहार के लिए धनात्मक पूनर्बलन देते हैं, लेकिन अवांछनीय व्यवहार घटित होने पर उसके लिए दण्ड विहीन एवं दण्ड हीन विधि का प्रयोग किया जाता है। सबसे पहले व्यवहार का ABC (कारण, व्यवहार, परिणाम) का विश्लेषण किया जाता है। तत्पश्चात् उसके उचित हस्तक्षेप के लिए कौशल व्यवहार को बढ़ाने तथा समस्या व्यवहार को कम करने के लिए व्यवहार परिमार्जन का उपयोग किया जाता है।

6. Autism Spectrum Disorder: स्वालीनता

"स्वपरायणता स्पेक्ट्रम विकार से एक ऐसी तंत्रिका विकास की स्थिति अभिप्रेत है जो विशिष्टत जीवन के पहले तीन वर्ष में उत्पन्न होती है जो व्यक्ति की संपर्क करने की, सम्बन्धों को समझने की और दूसरों से संबंधित होने की क्षमता को अत्यधिक प्रभावित करती है और आमतौर पर यह अप्रायिक या घिसे पिटे कर्मकाण्डों या व्यवहार से सम्बद्ध होता है।"

–दिव्यांगजन अधिकार अधिनियम, 2016

स्वालीनता का अर्थ एवं परिभाषा

Concept and Definition of Autism

स्वालीनता बच्चों में पायी जाने वाली एक प्रमुख व्यवहारात्मक विकृति है। इसमें विकास की प्रक्रिया में धीमापन, बच्चों में एक अनूठे एवं असामान्य व्यवहार का होना। यह PDDs के अन्तर्गत आने वाली एक प्रमुख विकृति है। PDDs की दो प्रमुख विशेषताएं होती है।

1. विकास की प्रक्रिया में धीमापन।
2. बच्चों में एक अनूठे एवं असामान्य व्यवहार का होना यह दूसरी विशेषता PDDs को मानसिक मंदता से अलग करता है।

परिभाषा के अनुसार स्वालीनता एक ऐसी व्यवहारात्मक विकृति है। जिसमें विकासात्मक हनन के साथ–साथ शाब्दिक एवं अशाब्दिक सम्प्रेषण तथा सामाजिक अन्त क्रिया में न्यूनता देखने को मिलती है। यह ज्यादा से

ज्यादा 3 वर्ष के उम्र के अन्दर पहचाना जा सकता है। 18 महिने से इसके लक्षण परिलक्षित होते है।

स्वालीनता शब्द का इस्तेमाल सर्वप्रथम लियो केनर ने 1943 में किया था। इन्होंने इस Infentile Autism पहला नाम दिया था।

IDEA के अनुसारः—यह एक विकासात्मक दिव्यांगता है, जिसमें मुख्य रूप से शाब्दिक, अशाब्दिक एवं सामाजिक अलगाव का व्यवहार देखने को मिलता है। सामान्यतः यह 3 वर्ष से पहले बच्चों के शैक्षणिक कार्यक्षमता को प्रभावित करती है। इसकी अलग विशेषता यह है कि इन बच्चों में पुनरावृत्ति व्यवहार एवं यह अपने ज्यादातर हाथों को या फिर शरीर को हिलाते रहते है। यह ज्यादातर दृढ़ वातावरण में रहना पसन्द करते है। इनके दैनिक जीवन के क्रिया—कलाप में बदलाव लाने से परेशानी का कारण बन सकते है।

स्वालीनता के लक्षण

DSM-IV के अनुसारः—DSM IV के अनुसार इसे तीन भागों में बांटा गया है। तीनों क्षेत्र में अलग—अलग विशेषताएं देखने को मिलती है। जिससे हम स्वालीनता से परेशानी का कारण बन सकते है।

1. परस्पर सामाजिक अन्तः क्रिया में गुणात्मक क्षति
2. भाषा एवं सम्प्रेषण में गुणात्मक क्षति
3. व्यवहार तथा रूचि में पुनरावृत्ति

1. परस्पर सामाजिक अन्तः क्रिया में गुणात्मक क्षति

1. इन बच्चों में अशाब्दिक व्यवहारों से सम्बन्धित व्यवहारों या कौशलों का अभाव पाया गया है। जैसे आँख से आँख मिलाकर बात करना एवं मुखाकृति एवं शारीरिक मुद्रा का अभाव पाया जाता है एवं सामाजिक अलगाव की भावना देखने को मिलती है। ऐसे बच्चों का अपने उम्र के अनुसार दोस्ती एवं संगी—साथी के साथ सम्बन्ध कम होता है।

   ऐसे बच्चों में सामाजिक व्यवहारों में कैसा व्यवहार प्रदर्शित करना होता है इसका अभाव पाया जाता है। जैसे बच्चा किसी शोक सभा में गया है, तो वहाँ हँसने लगता है।

a. सामाजिक मुस्कान में कमी।
b. अशाब्दिक व्यवहारों से संबंधित कौशल का अभाव पाया जाता है।
c. ऐसे बच्चों अपने माता पिता से लगाव नही लगाते है।
d. अलगाव चिन्ता का अभाव पाया जाता है।
e. दोस्तों एवं संगी साथी के साथ सम्बन्ध कम होता है।
f. ऐसे बच्चों में सहानुभूति एवं परानुभूति का अभाव पाया जाता है।
g. सामाजिक रूप से अलग रहने वाले।
h. यह जीवित लोगों की अपेक्षा निर्जीव वस्तुओं में बहुत रूचि लेते है।
i. इनमें मुखाकृति एवं शारीरिक मुद्रा आदि का अभाव पाया जाता है।

2. भाषा एवं सम्प्रेषण में गुणात्मक क्षति

1. 12 महिने तक ऐसे बच्चे (Coo) कु शब्द का उच्चारण भी नही कर पाते है।
2. 16 महिने तक प्रथम शब्द का उच्चारण भी नही कर पाते है।
3. इन बच्चों में दो वर्ष तक दो शब्द वाले शब्दों का विकास नही होता है।
4. इन बच्चों में सामाजिक कौशल एवं भाषा में कमी पायी जाती है।
5. बच्चों के सांकेतिक भाषा का भी विकास 12 महिने तक नही हो पाता है।
6. ऐसे बच्चों में वाणी का विकास देरी से होता है। एवं इनमें मुखाकृति का अभाव पाया जाता है।
7. ऐसे बच्चों की भाषा काफी अस्पष्ट, बेतुका एवं पुनरावृत्ति एवं कहानी की तरह होता है।
8. अपने विकास स्तर के अनुरूप सामाजिक और काल्पनिक खेल और देख कर सीखने वाले खेलों को करने में असमर्थ होते है।
9. बबलिन साउण्ड 18 महीने तक विकसित नही होता है।
10. भाषा के विकास में धीमापन या पूर्ण अभाव पाया जाता है।
11. जिन बच्चों में भाषा का विकास होता है उनमें बातचीत शुरू करने तथा उसे बनाए रखने एवं खत्म करने में परेशानी होती है।

12. इनकी भाषा में वाक्य संरचना काफी त्रुटिपूर्ण होती है एवं सर्वनाम बदलाव का गुण देखने को मिलता है।
13. इनमें सामाजिक अनुकरण खेल का अभाव देखने को मिलता है।
14. ऐसे बच्चे परियों की कहानी में बहुत रूचि रखते है।

व्यवहार एवं रूचि में पुनरावृत्ति

दी गई जिम्मेदारी (प्रमुख कार्य) को छोड़ कर अपने इच्छा से कार्य करना। बच्चे कार्यों को नियमावली (Routing) के अनुसार करते है। इस नियमावली में थोड़ा सा भी परिवर्तन इनके लिए गुस्सा उत्पन्न करने वाला होता है। अपनी इच्छा के अनुसार एक ही कार्य करने के लिए दृढ़ रहना।

व्यवहार तथा रूचि में पुनरावृति

a. एक ही क्रिया को यह बच्चे बार–बार करते हैं जैसे सिर घुमाना, हाथ–पैर की उंगलियों को घुमाना या आवाजें निकालना।

b. ऐसे बच्चे कार्यों को दिनचर्या के अनुसार करते है। इस नियमावली में थोड़ा सा भी परिवर्तन इनके लिए गुस्सा उत्पन्न करने वाला होता है।

c. ऐसे बच्चों की रूचि एवं प्रेरणा काफी सीमित होती है। सामान्य बच्चों की तरह से बहुत सारी चीजों का पसंद या नापसंद नही करते।

d. ऐसे बच्चे निर्जीव वस्तुओं के साथ खेलना ज्यादा पसंद करते है। बनिस्पत कि जीवित लोगों के साथ।

e. इनकी एक विशेषता यह है कि यह ज्ञान के किसी एक हिस्से में काफी घिरे रहते है। जिसे स्पिलिन्टर ऐवलिटि कहते है। जैसे गाड़ी का नंबर, प्रधानमंत्री की सूची, साल की तारीख, या कोई एक विषय में रूचि।

f. इन बच्चों में गुड़िया–गुड़ा के प्रति शौक अधिक होता है।

g. यह हमेशा दृढ़ वातावरण में रहना चाहते है।

अन्य लक्षण

1. 50 से 70 प्रतिशत स्वालीन बच्चे में मानसिक मंदता के लक्षण दिखाई देते है।

2. इन बच्चों में शोर्ट मेमोरी की क्षमता अच्छी होती है।
3. इसके अलावा किसी–किसी बच्चे में अति चंचलता संवेगात्मक अस्थिरता पायी जाती है।

स्वालीनता के प्रकार

1. Autistic Disorder (स्वालीनता विकृति)
2. Prevasive Development Disorder (प्रचलित विकासात्मक विकृति)
3. Asperser's Syndrome (एस्पर्सर सिन्ड्रोम)
4. Rett Syndrome (रेत सिन्ड्रोम)
5. Childhood Disintegrative Disorder (बाल्यावस्था विकृति)

1. स्वालीनता विकृतिः—आटिज्म सोसाइटी ऑफ अमेरिका के अनुसार स्वालीनता एक जटिल विकासात्मक अक्षमता है जो बच्चे के प्रथम तीन वर्ष में दिखाई देता है एवं नाड़ी तंत्र से सम्बन्धित विकृति है जो कि मस्तिष्क के सामान्य कार्य को प्रभावित करती है। जिसमें सम्प्रेषण एवं सामाजिक मेज–जोल के कौशल आते है। बच्चे एवं बड़े दोनों प्रकार के स्वालीनता से पीड़ित बच्चों को शाब्दिक एवं अशाब्दिक सम्प्रेषण करने में एवं सामाजिक मेल–जोल और खाली समय अर्थात् मनोरंजनात्मक क्रिया कलाप करने में कठिनाई होती है।

2. प्रचलित विकासात्मक विकृतिः—ऐसे बच्चे जिनका जाँच करना कठिन होता है। वह इस समूह में आते है। प्रचलित विकासात्मक विकृति वाले बच्चों के लक्षण स्वालीनता बच्चों के साथ ज्यादातर नहीं मिलता है। उदाहरणार्थः—ज्यादा गम्भीर नही होते जिसे हम स्वालीन विकृति कहते है।

3. एस्पर्सर सिन्ड्रोमः—एस्पर्सर सिन्ड्रोम बच्चों की ज्यादातर लक्षण स्वालीन विकृति वाले बच्चों से मिलता है। ज्यादातर इन बच्चों की बुद्धिलब्धि सामान्य या फिर सामान्य से दूसरों के साथ सामाजिक होना चाहते है। परन्तु कैसे हो यह इन्हें पता नही होता। यह आसानी से दूसरों की भावनाओं को नहीं समझ पाते है। यह दूसरों की मुखाकृति एवं शारीरिक भाषा को भी नही पढ़ पाते है। ऐसे बच्चों के लक्षण जब तक ये स्कूल नही जाते तब तक नही समझ आता है कि अपने साथी के साथ अच्छा व्यवहार और सम्प्रेषण कितना जरूरी है।

4. रेट सिन्ड्रोमः–ऐसे बच्चों का ज्यादातर जन्म से लेकर 5 महीने तक सामान्य विकास नही हो पाता है। 5 से 48 महीने तक इनका गर्दन नियत्रण विकास काफी धीमी गति से होता है। ऐसे बच्चों में गामक कौशल सामाजिक एवं भाषा में क्षति देखने को मिलती है।

5. बाल्यावस्था विकृति–ऐसे बच्चे रेट सिन्ड्रोम के तरह ही होते है बच्चा पैदा सामान्य होता है परन्तु 2 से 10 साल तक दूसरों से मेल–जोल एवं बातचीत नही कर पाता है या कम करता है और इसी समय यह पुनरावृत्ति व्यवहार एवं दूसरी चीजों में कम रूचि दिखाते हैं एवं गामक कौशल भी खो बैठता है। यह एक दिव्यांग व्यक्ति की तरह दिखता है यह स्वालीन बच्चे की अवस्था एक गम्भीर स्वालीन बच्चों स्पेट्रम विकृति वाले बच्चों की तरह होती है।

स्वालीन बच्चों के शिक्षण एवं पाठ्यक्रम
(Teaching and Curriculum for Chidren with Autism)

अगर स्वालीन बच्चों में स्वालीनता के साथ–साथ मानसिक मंदता नही है, तो उसे साभान्य बच्चों के साथ सामान्य विद्यालय में शिक्षा ग्रहण कर सकते है। क्योंकि इनकी कौशल क्षमता सामान्य होती है। परन्तु सामाजिक कौशल की कमी देखने को मिलती है। इसके बावजूद ऐसे बच्चे सामान्य विद्यालय में शिक्षा ग्रहण कर सकते है।

अगर बच्चा मानसिक मंद है तो उनके लिए शैक्षिक पाठयक्रम निम्न प्रकार से बना सकते है।

1. बच्चे में भाषा एवं सम्प्रेषण का विकास।
2. सामाजिक कौशलों का विकास।
3. ऐसे बच्चों के सम्प्रेषण में संग्रहण एवं अशाब्दिक सम्प्रेषण पर अधिक बल डाला जाता है।
4. ऐसे बच्चों के शिक्षण के द्वारा कारण एवं परिणाम के ज्ञान पर बल डाला जाता है।

शिक्षण के दौरान निम्न बिन्दुओं पर बल डालना चाहिए

1. ऐसे बच्चों के पाठ्यक्रम में सम्प्रेषण विशेषकर अशाब्दिक सम्प्रेषण पर बल डालना चाहिए। इसके लिए ऐसे बच्चों को चित्र कला, नाटक, संगीत आदि के पाठ्यक्रम में सम्मिलित करना चाहिए।

2. ऐसे बच्चों के पाठ्यक्रम में एवं उनके कक्षा व्यवहार में परिवर्तन जल्दी से जल्दी एवं बार--बार नही क्ररना चाहिए, बल्कि यह संरचित होना चाहिए।
3. ऐसे बच्चों के शिक्षण में 1 to 1 रिलेशनसिप आवश्यक होता है एवं शिक्षक को सक्रिय भूमिका निभाते हुए, बच्चे पर व्यक्तिगत ध्यान देना चाहिए।
4. ऐसे बच्चों के शिक्षण में पूर्णतः ज्ञान विकसित करने का प्रयास किया जाता है।
5. ऐसे बच्चों की शिक्षण व्यवस्था व्यक्तिगत होती है।
6. ऐसे बच्चों के शिक्षण में बहुसंवेदी उपागम के उपयोग पर बल डाला जाता है।
7. इसके अलावा ऐसे बच्चों के सिखलाए जाने वाले पार्ट को छोटे--छोटे हिस्सों में तोड़ कर सीखलाया जाता है।
8. ऐसे बच्चों के शिक्षण में व्यवहार परिमार्जन का उपयोग करना चाहिए। इसका उपयोग बच्चे में भाषा एवं सम्प्रेषण के विकास एवं कक्षा व्यवहार को बनाए रखने के लिए करना चाहिए।

स्वालीन बच्चों के शिक्षण की विधियां (Structured Teaching Techniques)

स्वालीन बच्चों के शिक्षण प्रशिक्षण के लिए निम्नलिखित विधियों का उपयोग किया जाता है।

1. TEACCH (टिचिंग एण्ड ऐजूकेशन फार आटिजिम चिल्ड्रेन विथ कोमनिकेशन हेन्डीकेप):--इसका निर्माण एरिक स्कायलर ने किया था। इनका मानना है कि स्वालीनता से पीड़ित बच्चों के शिक्षा ग्रहण करने का ढंग एक अधिगम अक्षमता वाले बच्चों के जैसे होता है इसलिए इस तकनीक में शिक्षण पर विशेष विधियों की आवश्यकता होती है। इस प्रोग्राम में स्पीच तथा सामाजिक कौशलों के शिक्षण पर विशेष बल डाला जाता है। इस प्रकार के शिक्षण में बहुसंवेदी उपागम का उपयोग किया जाता है। विशेषकर दृश्य सामग्री का।

2. Millers Method (मिलर विधि):--मिलर के अनुसार प्रत्येक बच्चे में एक Reality System होता है। प्रत्येक कार्य के लिए Reality System में परिवर्तन की आवश्यकता होती है। सामान्य बच्चों में एक Reality System से

जाने में कोई परेशानी नही होती है। इसलिए Miller ने बतलाया की ऐसे बच्चों में Reality System विकसित करने की क्षमता सीमित होती है और इसी कारण स्वालीनता को नजदीक Reality system विकृति के नाम से पुकारा जाता है। इनके अनुसार स्वालीन बच्चों में Reality System का विकास एक खास स्तर पर आकर रूक जाता है। अतः चिकित्सा का शिक्षण हस्तक्षेप मुख्य उद्‌देश्य इसके विकास की प्रक्रिया को बढ़ाना होता है।

1. **Orientation:**—का तात्पर्य किसी उत्तेजना के प्रति ध्यान देना एवं प्रारम्भिक अनुक्रिया करना।
2. **Engagement:**—दिए गए कार्य में आवश्यकता अनुसार संलग्न रहने की अनुक्रिया को Engagement कहते है।
3. **अभिभावक सलाहः**—पारिवारिक सलाह में बच्चे के माता—पिता को बच्चे की वास्तविक स्थिति के सम्बन्ध में इलाज एवं सुधार से सम्बन्धित सम्पूर्ण जानकारी प्रदान करते है। परिवार के सदस्यों की उपचार में क्या भूमिका है। उसके विषय में जानकारी प्रदान करते है तथा बच्चे के कारण उत्पन्न तनाव प्रतिबन्ध के उपाय बतलाए जाते है।
4. **Holding Therapy:**—इस प्रविधि की मुख्य अवधारणा यह है कि बच्चे को अनेच्छिक रूप से जबरदस्ती कुछ समय (अवधि) के लिए पकड़े रखना चाहिए। जिससे बच्चा न चाहते हुए भी पकड़ने वाले व्यक्ति पर अपना ध्यान केन्द्रित करे इनका मानना है कि ऐसा करने से बच्चे तथा माता—पिता के बीच अतः क्रिया बढ़ती है जिसके परिणामस्वरूप बच्चे के सामाजिक व्यवहार में वृद्धि होती है।
5. **Daily Activity Therapy (दैनिक क्रियाकलाप चिकित्सा)**—इस चिकित्सा प्रविधि की शुरूआत डॉ0 कियो कार्था ने जापान में किया था। इन्होंने इसे पेशीय विकृति माना और इसके इलाज के लिए अत्यधिक व्यायाम को उपयुक्त माना। इसी विचार के आधार पर इस चिकित्सा विधि का प्रतिपादन किया गया। इसमें बच्चे को एक निश्चित अनुसूची बनाकर उसे अधिक से अधिक व्यस्त रखने की कोशिश की जाती है अध्ययनों में पाया गया है कि यह प्रविधि बच्चे के सामाजिक अलगाव को कम करने में सहायक है।

6. **संगीत चिकित्सा**–स्वालीन बच्चों को ज्यादातर संगीत के प्रति ज्यादा रूचि होती है उनके लिए संगीत चिकित्सा प्रदान किया जाता है। इस चिकित्सा को सामाजिक कौशल को विकसित करने के लिए किया जाता है
7. **कला चिकित्सा**:–जो स्वालीन बच्चे सामान्य बुद्धि के होते है। वह ज्ञान के किसी एक हिस्से में घिरे रहते है। कुछ बच्चों को पेन्टिग इत्यादि का काफी शौक होता है तो इनकी इस प्रतिभा को हमें बढ़ाना चाहिए। इसके अलावा भी कुछ हस्तेक्षप किया जा सकता है। जो निम्नवत है।
8. **खान–पान सम्बन्धी हस्तेक्षप**:–इन बच्चों के खान–पान में दूध से बने भोज्य पदार्थ का उपयोग कम करने से इन बच्चों के सामाजिक व्यवहार में वृद्धि दिखाई देती है। अध्ययनों में यह भी पाया गया है कि इन बच्चों के खान–पान के कैल्सियम विटामिन B^6 तथा मैग्नीशियम का उपयोग अधिक करने से इनमें घनात्मक सुधार देखा गया है।
9. **भौतिक चिकित्सा**:–जिन बच्चों को स्वलीनता के साथ शारीरिक समस्या पायी जाती है। उसके लिए भौतिक चिकित्सा का प्रयोग किया जाता है।

विस्तार दर

दो तिहाई बच्चों में यह लक्षण पूरी जिन्दगी बना होता है। 25% बच्चे अपनी जीविका चला सकते है। सुधार की सम्भावना बच्चे की बुद्धि लब्धि तथा भाषा विकास की मात्रा पर निर्भर करता है। अगर बच्चे की बुद्धि 60 से अधिक होती है तो सुधार की सम्भावना अधिक होती है। अगर बच्चे में भाषा का विकास 5 वर्ष से पहले शुरू हो जाता है तो उनमें भी सुधार अधिक देखा जाता है। स्वालीन बच्चों के उपचार के बाद वाणी, सामाजिक व्यवहार तथा व्यवहार में सुधार देखा गया है।

सम्प्रेषण कौशल

(Communication Skills)

स्वालीन बच्चों में ज्यादातर सम्प्रेषण की समस्या पायी जाती है। कौशल को बढ़ाने के लिए वाणी एवं भाषा के कौशल सिखाए जाते है।

वाणी चिकित्सा–ज्यादातर स्वालीन बच्चों में भाषा एवं वाणी की समस्या देखी गई है। वाणी चिकित्सक स्वालीन बच्चों में सम्प्रेषण विकसित करने में मदद करते है। यह एक प्रशिक्षित वाणी चिकित्सक के द्वारा दिया जाना चाहिए। यह स्वयं चिकित्सालय या स्कूल में प्रदान की जाती है तथा यह व्यवसायिक विद्यालय में शिक्षा कार्यक्रम समूह में भी शामिल होते है। इसमें कुछ विशेष औजार तथा खिलौने एवं कुछ साधारण परीक्षण उनके पाठ्यक्रम में शामिल होते है।

स्वालीन बच्चों को वाणी चिकित्सा की आवश्यकताः–ज्यादातर स्वालीन बच्चों की जाँच होने के बाद वाणी चिकित्सक के पास भेजते है। यह शाब्दिक एवं अशाब्दिक दोनों प्रकार के सम्प्रेषण वाले व्यक्ति को भेजते है। लेकिन शाब्दिक में एक्सपर्जर सिन्ड्रोम बच्चे भाषा का उपयोग करना समझ नही पाते एवं शाब्दिक सम्प्रेषण वाले व्यक्ति का सम्प्रेषण विकास होता है भाषा तथा वाणी का भी विकास होता है।

वाणी चिकित्सक की भूमिकाः–साधारण शिक्षण में भी वाणी चिकित्सक शब्द उच्चारण करने के लिए शामिल होता है। यह सच है कि वाणी चिकित्सक बच्चे एवं बड़े स्वालीन बच्चों के कौशलों का विकास करता है।

अशाब्दिक सम्प्रेषणः–इसमें शिक्षण में सांकेतिक सम्प्रेषण एवं PDCS से प्रशिक्षण में सांकेतिक सम्प्रेषण एवं बिजली द्वारा बोलने वाला यंत्र एवं अन्य अशाब्दिक सम्प्रेषण सामग्री इस्तेमाल किये जाते है।

वाणी पैरामीटरः–यह हम सभी जानते है कि शुभ प्रभात कैसे बोला जाता है। परन्तु यह जानना जरूरी है कि शुभ प्रभात कब बोलना है एवं किसे बोलना है।

वार्तालाप कौशलः–सिर्फ यह जानना की सही तरीके से संभव कर वार्तालाप को बनाए रखता है। परन्तु वाणी चिकित्सक आगे एवं पीछे शब्द के क्या जोड़ना है एवं दूसरों का ध्यान कैसे पाना है यह सिखाता है।

छुपी हुई कौशल को बढ़ानाः–कुछ व्यक्ति की योग्यता दिखाई नही देती है। योग्यता ऐसी होनी चाहिए की दूसरे उसे जान पाए। स्वालीन व्यक्ति को बहुत सारी सुझाव एवं कई अच्छी आदतें होती है। वाणी चिकित्सक इन सारे कौशल को बढ़ाने में मदद करता है।

समस्या व्यवहार परिमार्जन
(Behavioural Problems, Intervention)

स्वालीन बच्चों के उपचार पूर्व व्यवहार परिमार्जन का उपयोग किया जाता है। इसका उपयोग मुख्यतः बच्चों में सामाजिक कौशल को विकसित करने एवं अवांछनीय व्यवहार को दूर करने के लिए किया जाता है।

स्वालीन बच्चों में अतिचंचलता का प्रबन्धन–अगर बच्चे में स्वालीनता के साथ अतिचंचलता भी है। तो पहले सोचिये उसे किस तरह की अतिचंचलता है तब स्ही से उसमें सुधार किया जा सकता है। अतिचंचलता तभी आती है। जब बच्चे को कुछ चाहिए होता है और वह उन्हें नही मिलता है। बच्चे को क्या चाहिए यह ध्यान दे। पसन्दीदा खिलौने, सोने के लिए नही जाना, लगातार हंसना, दवा न खाना, ज्यादा बिस्कुट खाना।

बच्चे को जो चाहिए। बस चाहिए, ऐसी कुछ चीजें है। जो अतिचंचलता को सुधारता है। (बच्चे को इन्तजार करने को कहो) पर यह आपको मदद नही करेगा जब आप बच्चे पर ध्यान नही देते, पर वह फिर भी काम नही करता फिर आप ध्यान नही देते, परन्तु अगर आप हर स्थिति में ध्यान नही देगें, और वह काम नही करेगा बच्चा धीरे–धीरे सीख जाएगा कि आप उसको कुछ भी नही देगें जब वह चंचलता व्यवहार प्रदर्शित करेगा। क्या होता है। जब हम बच्चे पर ध्यान नही देते है एवं सजा देते है। फिर थोड़ी देर बाद दे देते है। तो बच्चा सीख जाता है कि चंचलता कम कर रहा है और यह काफी तेजी से बढ़ता जाता है। अगर आप चंचलता को रोकना चाहते है। तो बच्चा जो चाहता है। वह उसे न दे, यह बहुत कठिन होगा। परन्तु इससे ठीक हो जाएगा।

गिनती प्रक्रियाः–एक तकनीक यह भी है। अगर पुनर्बलन तुरन्त उपलब्ध नहीं हो तो। इस्तेमाल करते है। जब बच्चे को कुछ चाहिए होता है। वह उसके पास नही होता है। लेकिन वह चंचलता का व्यवहार प्रदर्शित नही करता है, तो,

अभिभावक बच्चे को कहते है, रोना नही (फिर गिनती गिनना शुरू करते है। जब तक बच्चा शान्त नही होता थोड़ी देर बाद अगर बच्चा फिर रोना शुरू करें)।

अभिभावक पुनः रोना नही (लगातार गिनती गिनते है तब बच्चा रोना बन्द करेगा) ज्यादातर बच्चा 10 तक की गिनती तक शान्त हो जाता है। फिर अभिभावक बच्चे से पूछ सकते है, क्या चाहिए। अगर स्वालीन बच्चे को इकोलेलिया है। तो बच्चे के अनुसार हम अशाब्दिक तरीके से गिनती गिन सकते है। जैसे अंगुलियों का इस्तेमाल कर सकते है। गिनती प्रक्रिया से चंचलता कम हो जाती है। यह सही तरीका है अतिचंचलता को सुधारने का ऐसे व्यक्तियों से बात करे जो हमेशा बच्चे के साथ रहते है। उन्हें कहे कि वह अतिचंचलता पर ध्यान न दे। उन्हें जो चाहिए वह न दे, फिर भी यदि अति चंचलता ज्यादा देर तक है, तो धीरे–धीरे कम करने की कोशिश करे।

अतिचंचलता क्या है:–चंचलता एक प्रकार का सम्प्रेषण है। यह बच्चे का कहने का तरीका है। जो हमें चाहिए, वह हमें दे यह आपके लिए अच्छा होगा बच्चा अपने अभिभावकों एवं सबसे कहता है। चंचलता एक प्रकार का सामान्य प्रतिक्रिया गुस्से का (जो चाहिए न देने पर) वह समस्या व्यवहार के रूप में बढ़ता जाता है। यह बच्चे के लिए सामान्य है, गुस्सा दिखाना जब वह होता है। गुस्सा एक स्वस्थ प्रतिक्रिया है। जब यह सामाजिक रूप ग्रहण करता हो।

जब बच्चा गुस्सा दिखाता है। सबसे पहली प्रतिक्रिया वह तक करता रहता है, जब तक परिवार वाले परेशान न हो जाए एवं बच्चा बस शान्त हो जाए, और उनकी दूसरी प्रतिक्रिया वह जो चाहता है–उसे दे देते है, ये सामान्य प्रतिक्रिया धीरे–धीरे चंचलता में बदल जाती है, और बच्चा यह सीख जाता है कि यह एक जादू की तरह है। यह व्यवहार करने से हम जो चाहे वह हमें मिल सकता है।

जैसे–जैसे समय बीतता जाता है। अभिभावक गुस्से में बच्चे को सजा देते है ध्यान न देना, यह बार–बार देना चाहिए, कई अभिभावक ऐसा भी कहते है कि हम लेते हैं और बच्चा जो मांगता है, उसे वह दे देते है। अगर गिनती प्रक्रिया द्वारा चंचलता ठीक नही किया जा सकता तो ध्यान नही देना तकनीक इस्तेमाल कर सकते है।

ध्यान न देना

(Planned Ignoring)

ध्यान नही देना यह एक सही तरीका है, या एक तकनीक है ऐसे व्यवहार को दूर करने का जिसका मुख्य कारण दूसरे का अवधान पाना होता है। यह उस

समय इस्तेमाल नही करते जब बच्चा खुद को या दूसरे की सामान का नुकसान कर रहा हो, अगर हम बच्चा जब दूसरे की वस्तु या खुद को नुकसान पहुँचा रहा है। करने से यह चंचलता को और बढ़ा सकता है, या नुकसान पहुँचा सकता है। अगर बच्चा खुद को नुकसान या फिर किसी वस्तु को पहुँचाता है तो उस समय उससे सम्बन्धित व्यवसायिक से पूछे एवं दूसरे तकनीक का इस्तेमाल करे। यहाँ चंचलता को दूर करने के लिए ध्यान न देना कैसे इस्तेमाल करते है।

लगातार सभी मिलकर प्रतिक्रिया करे
(Consistent Response from Everyone)

सभी लोग जो बच्चे के हमेशा सम्पर्क में आते है। सभी लोग जब भी बच्चा चंचलता व्यवहार प्रदर्शित करता है। सभी यह तकनीक का इस्तेमाल करे। अगर बच्चा आपको समझ गया है कि आप ऐसा क्यों कर रहे हो तो, अपने बच्चे को बताइए की अगर तुम चंचलता का व्यवहार प्रदर्शित करोगे तो हम तुम्हारे तरफ कभी ध्यान नही देगे (ऐसे शब्द का इस्तमाल करे जो बच्चा समझता हो और कोई वस्तु नही देगे जो उसे चाहिए। जब तक आप चंचलता का व्यवहार प्रदर्शित करोगें)।

7. Mental Illness: मानसिक बीमारी

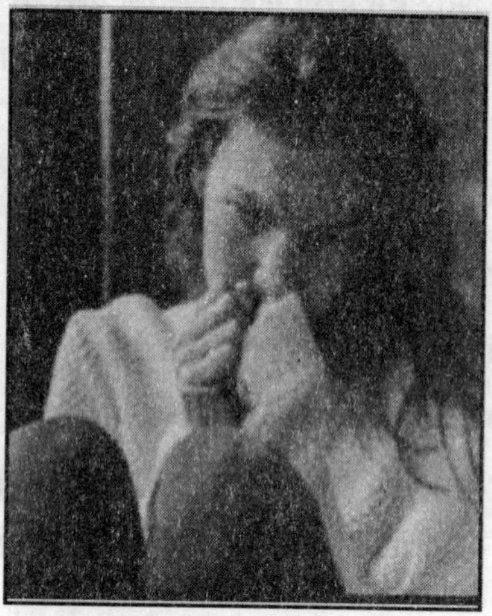

"मानसिक रूग्णता से चिंतन, मनोदशा, बौद्ध, अभिसंस्करण या स्मरणशक्ति का अत्यधिक विकार अभिप्रेत है जो जीवन की साधारण आवश्यकताओं को पूरा करने के लिए समग्र रूप से निर्णय, व्यवहार, वास्तविकता की पहचान करने की क्षमता या योग्यता को प्रभावित करता है किन्तु जिसके अंतर्गत मानसिक मंदता नहीं है जो किसी व्यक्ति के मस्तिष्क का विकास रूकने या सपूरन होने की स्थिति है, विशेषकर जिसकी विशिष्ठता बुद्धिमता का सामान्य से कम होना है।"

–दिव्यांगजन अधिकार अधिनियम, 2016

मानसिक बीमारी / रूगण्ता

ऐसे व्यक्तियों की सोच, समझ, व्यवहार एवं भावना सामान्य व्यक्तियों से काफी भिन्न होती है। इनमें समायोजन के स्थान पर असमायोजन तत्व क्रियाशील रहते है। "यह एक ऐसी स्थिति है जिसमें व्यक्ति के व्यवहार के तीनों पक्षों–सांवेगिक, संज्ञानात्मक एवं क्रियात्मक में विसंतुलन की स्थिति उत्पन्न हो जाती है"।

परिभाषा

निट्जेल, 1998 के अनुसार–मानसिक रूग्णता का तात्पर्य व्यक्ति के व्यवहारात्मक या मनोवैज्ञानिक कार्यों में पाए जाने वाले विक्षोभ से होता है

जो व्यक्ति के सामाजिक, सांस्कृतिक पहलू से मेल नही रखता तथा जिसके कारण व्यक्ति में तनाव, व्यवहारात्मक अक्षमता तथा सर्वांगीण क्रियाओं में असंतुलन उत्पन्न होता है।

मानसिक बीमारी/रूग्णता के प्रकार

मानसिक रूग्णता की तीव्रता एवं गंभीरता के आधार पर विभिन्न प्रकार से होता है।

1. Depression
2. Anxiety
3. Schizophrenia
4. Bipolar Mood Disorder

मानसिक बीमारी के लक्षण

(Characteristics of Mental Illness)

1. भाव एवं संवेग (Feeling and Emotion)—प्रत्येक व्यक्ति में भाव एवं संवेग होते है एवं उन्हें प्रदर्शित करने का एक सामान्य तरीका होता है। ऐसे व्यक्तियों में चिन्ता, विषाद, घृणा, सांवेगिक अस्थिरता, आक्रामकता, चिड़चिड़ापन, क्रोध आदि संवेगों की प्रधानता देखने को मिलती है।

2. प्रत्यक्षणात्मक प्रक्रियाओं में दोष (Disturbance in Perceptual Process)—मानसिक रूग्ण व्यक्तियों में प्रत्यक्षणात्मक प्रक्रिया से संबंधित कई दोष पाए जाते है। इन लक्षणों में भ्रम, विभ्रम या उत्तेजना के आकार रंग आदि की पहचान से संबंधित त्रुटियां प्रमुख है।

3. संज्ञानात्मक प्रक्रियाओं में दोष (Disturbance in Cognitive Process)—इसके अंतर्गत चिंतन, अवधान, स्मृति समस्या, समाधान की क्षमता, आदि प्रक्रियाएं आती है। अंतः इन व्यक्तियों में ऐसी प्रक्रियाओं में संबंधित दोष भी पाए जाते है। संज्ञानात्मक प्रक्रियाओं में संबंधित दोषों में स्मृति क्षीणता, ध्यान में चंचलता या कमी तथा अपने एवं अपने भविष्य के प्रति ऋणात्मक चिंतन, आत्महत्या का विचार, व्यामोह तथा शंका आदि प्रमुख है।

4. व्यवहारात्मक दोष (Disturbances in Behaviour)—मानसिक रूग्णता से पीड़ित व्यक्तियों के व्यवहार में भी कई प्रकार के अनूठेपन देखने को मिलते हैं। इनमें पुनरावृति के व्यवहार, व्यवहार में दृढ़ता, विचलित

व्यवहार, असामाजिक एवं अनैतिक व्यवहार प्रमुख है। कभी–कभी इनके व्यवहार समय एवं परिस्थिति के बिलकुल विरोधी होते है। जैसे हंसी के माहौल में रोना या दुख के माहौल में हंसना, इसके अतिरिक्त अपने में रोना, गाना, नाचना, चिल्लाना तथा बुदबुदाते रहना।

5. अन्य व्यवहार (Other Behaviour)–कुछ खास प्रकार के मानसिक रूग्णता वाले व्यक्ति का वास्तविकता से सम्बन्ध टूट जाता है। वे सच एवं झूठ में अंतर कर सकने में असमर्थ हो जाते है। उन्हें यह अंतर करने में बहुत कठिनाई होती है, कि उनका विचार काल्पनिक है या यथार्थ वे अपने विचारों को वास्तविक मानने लगते है। वे तार्किक या अतार्किक विचारों में अंतर नही कर पाते है।

6. मानसिक रूग्णता के उपचारः–मानसिक बीमारी होने का मुख्य कारण जैविक, मनोवैज्ञानिक एवं सामाजिक होता है। मानसिक बीमारी के उपचार के लिए बहुआयामी चिकित्सा का उपयोग किया जाता है। मानसिक बीमारी के उपचार करते समय उसकी गम्भीरता को ध्यान में रखकर दो प्रकार से उपचार किया जा सकता है।

1. जैविक चिकित्सा
2. मनोसामाजिक चिकित्सा

1. जैविक चिकित्साः–जैविक चिकित्सा के अन्तर्गत औषधि का उपयोग किया जाता है। औषधि का उपयोग करने से मानसिक बीमार व्यक्ति के आवेगशीलता को कम एवं धीरे–धीरे समस्या को खत्म भी करता है। औषधि का उपयोग नियम के अनुसार एवं चिकित्सक के सलाह के अनुसार करना चाहिए। कुछ महत्वपूर्ण औषधि जैसे चिन्ताविरोधी औषधि (Anti-anxiety), विषाद विरोधी (Anti-depressant), मनोविकृति विरोधी (Anti-psychotic), मिर्गी औषधि (Anti-convalsant drugs) है। जो मानसिक बीमारी को ठीक करने के लिए उपयोग किया जाता है। इंसके अलावा विद्युत चिकित्सा (Electro-convulsive therapy) का प्रयोग गम्भीर मानसिक रोगी के लिए इसके परिमार्जित मशीनों का उपयोग करते है।

7. मस्तिष्क शल्य चिकित्सा (Brain Surgery) का बहुत ही कम उपयोग किया जाता है।

2. मनोसामाजिक चिकित्साः—मानसिक रोगी के लिए मनोवैज्ञानिक चिकित्सा का उपयोग निम्नलिखित पद्धति का उपयोग करते है।

1. मनोविश्लेषणात्मक चिकित्सा
2. संज्ञानात्मक चिकित्सा
3. व्यवहार परिमार्जन
4. परिवार एवं दाम्पत्य चिकित्सा
5. समूह मनोचिकित्सा
6. पुनर्वास

8. Visual Impairment: दृष्टिहीनता

"अंधता से ऐसी दशा अभिप्रेत है जिसमें सर्वोत्तम सुधार के पश्चात व्यक्ति में निम्नलिखित स्थिति में से कोई एक स्थिति विद्यमान होती है।

1. दृष्टि का पूर्णतया आभाव या
2. सर्वाधिक संभव सुधार के साथ बेहतर आंख में दृष्टि सुतीक्ष्णता 3/60 से कम या 10/200 (स्नेलन) से कम, या
3. 10 डिग्री के किसी कोण पर कक्षांतरित दृश्य की परिसीमा"

–दिव्यांगजन अधिकार अधिनियम, 2016

दृष्टि बाधिता

नेत्र मानव शरीर का एक प्रमुख ज्ञानेन्द्रिय है। जिसका कार्य किसी वस्तु को देखना है।

परिभाषा

1. **शैक्षिक दृष्टि से**–दृष्टिहीनता एक ऐसा दृष्टि विकार है जिसके परिणामस्वरूप दृश्य सामग्री के प्रयोग से शिक्षण आंशिक रूप से भी संभव न हो सके।
2. **चिकित्सीय दृष्टि से**–चिकित्सीय विधि से दृष्टिहीनता की परिभाषा दृष्टि तीक्ष्णता (Visual Acuity) और देखने के क्षेत्र (Field of Vision)

पर आधारित है जिनको निम्नलिखित दो प्रकार से परिभाषित किया जा सकता है।

3. **दृष्टि तीक्ष्णता के आधार पर**–सभी प्रकार के उपाय करने के बाद व्यक्ति किसी वस्तु को 20 फीट की दूरी पर नही देख पाता जबकि सामान्य व्यक्ति उस वस्तु को 200 फीट की दूरी पर देखता है तो उस व्यक्ति को दृष्टिहीन कहा जाता है। यह प्रदर्शित करता है कि व्यक्ति वस्तु को किस–किस दूरी तक देख सकता है।
4. **देखने के क्षेत्र के आधार पर**–दृष्टि विकृत व्यक्ति के देखने के क्षेत्र का व्यास 20 डिग्री से अधिक नही होना चाहिए तथा उनकी दृष्टि तीक्ष्णता 20/200 से अधिक अच्छा होना चाहिए।

दृष्टिहीनता के प्रकार

(Types of Visual Impairment)

दृष्टिहीनता मुख्य रूप से दो प्रकार की होती है–

1. **पूर्णतः दृष्टि बाधित**–इस प्रकार के दृष्टिबाधित बच्चों को पूर्ण रूप से अर्थात् कुछ भी नही देख सकते है पूर्ण रूप से दृष्टि बाधित होते है।
2. **आंशिक दृष्टि बाधित**–इस तरह के दृष्टिबाधित बच्चे पूर्ण रूप से दृष्टि बाधित नही होते है। इन्हें कुछ समस्याऐं होती है। पर इन्हें देखने में परेशानी होती है। यह निम्नलिखित प्रकार के होते है:–
   a. **निकट दृष्टि दोष**–इस दोष युक्त नेत्र द्वारा मनुष्य को पास की वस्तुएं तो स्पष्ट दिखाई देती है। परंतु एक निश्चित दूरी से आगे की वस्तुएं स्पष्ट दिखाई नही देती अर्थात् नेत्र का दूर बिन्दु अनंत पर न होकर पास आ जाता है।
   b. **दूरदृष्टि दोष**–इससे युक्त नेत्र मनुष्य को दूर की वस्तुएं तो स्पष्ट दिखाई देती है परंतु निकट बिंदु 25 सेमी से अधिक दूर हो जाती है।
   c. **जरा दूरदर्शिता**–कुछ व्यक्तियों में निकटदृष्टि व दूरदृष्टि दोष दोनों एक साथ होते है इसे जरा दूरदर्शिता कहते है।

d. **अबिन्दुता**–यह दोष गोलीय विपथन की तरह होता है। इस दोष के कारण क्षितिज दिशा में अथवा उर्ध्व दिशा में वस्तु धुंधली दिखाई देती है।

e. **वर्णाधार दृष्टि दोष अथवा वर्णान्धता**–मानव नेत्र के दृष्टि पटल (रेटिना) पर दो प्रकार की संवेदनशील तंत्रिकाएं जो क्रमशः छड़ तथा शंकु आकार की होती है। जहाँ छड़ तंत्रिकाएं प्रकाश की तीव्रता के प्रति संवेदनशील होती है वही शंकु तंत्रिकाएं प्रकाश के रंग के प्रति संवेदनशील होती है। मनुष्य नेत्र द्वारा विभिन्न रंगों की पहचान इन शंकु आकार की तंत्रिकाओं के द्वारा ही होती है यदि मनुष्य की रेटिना पर शंकु तंत्रिकाओं की कमी हो जाती है अथवा उनमें कोई दोष उत्पन्न हो जाता है तो रंगों में विभेद कर पाने में अक्षमता हो जाती है इस रोग को वर्णाधार दृष्टिदोष अथवा वर्णान्धता कहते है।

दृष्टिहीनता के लक्षण
(Characteristics of Blindness)

- नेत्र से रूक–रूक कर अथवा लगातार पानी गिरना।
- नेत्र का लाल होना।
- नेत्र की असामान्य गति।
- देखने में कठिनाई होना, किसी वस्तु पर नजर न टिकना।
- छोटी लिखावट पढ़ने में कठिनाई का अनुभव करना अथवा छोटे चित्रों का अनुभव नही होना।
- सिर दर्द की शिकायत करना या आँख में संक्रमण की शिकायत करना।
- दोनों आँखों के समायोजन की समस्या एवं देखने में केवल एक आँख का उपयोग करना।
- जो बच्चे दृष्टि या प्रकाश के प्रति अपनी अनुक्रिया नही प्रदर्शित करते है।
- नेत्रहीन बच्चों का भाषा विकास सही प्रकार से नही होता है।

- वस्तु को या पुस्तक को आँख के एकदम पास रखता है।
- श्यामपटट् से नकल करने के लिए साथियों की कापी से नकल करता हो।
- दूर की वस्तु को देखने के लिए असामान्य रूप से सिर को आगे पीछे करता हो।
- प्रायः वस्तुओं को छूकर महसूस करते हों।
- वस्तु की वास्तविक आकृति एवं रंग पहचानने में असमर्थता प्रकट करते हो।

9. Hearing Impairment: श्रवण बाधिता

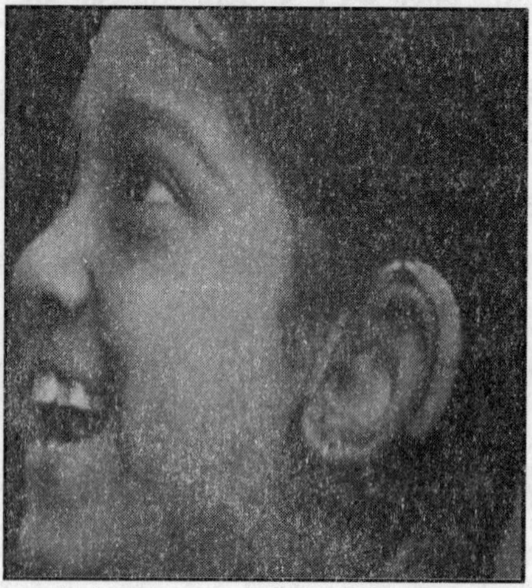

"बधिर से दोनों कानों में संवाद आवर्तियाँ में 70 डेसिबेल श्रव्य ह्रास वाले व्यक्ति अभिप्रेत हैं।"

–दिव्यांगजन अधिकार अधिनियम, 2016

जब कोई व्यक्ति बोलता है, तो वह ध्वनि तरंगों के द्वारा हवा में एक कंपन पैदा करता है। यह कंपन कान के पर्दे एवं सुनने से संबंधित तीन हड्डियों–मेलियस, इन्कस एवं स्टेपीज के द्वारा आंतरिक कान में पहुंचता है और सुनने की नस द्वारा आंतरिक कान से मस्तिष्क में संप्रेषित होता है। इस कारण हमें ध्वनि का एहसास होता है। यदि किसी कारण से ध्वनि की इन तरंगों में अवरोध पैदा हो जाए, तो बहरापन हो जाएगा। यदि अवरोध कान के पर्दे या सुनने की हड्डियों तक सीमित रहता है तो इसे कन्डक्टिव डेफनेस (बहरेपन का एक प्रकार) कहते हैं। यदि अवरोध कान के आंतरिक भाग में या सुनने से संबंधित नस में है, तो इसे सेन्सरी न्यूरल डेफनेस कहते हैं।

श्रवण दोष एक ऐसी अक्षमता है जिससे प्रभावित व्यक्ति को सामान्य व्यक्ति की अपेक्षा सुनने समझने में कठिनाई का सामना करना पड़ता है।

परिभाषा

भारतीय पुनर्वास परिषद् अधिनियम 1992 के अनुसार–श्रवण दिव्यांगता का अर्थ बधिरता के साथ श्रवण क्षतिग्रस्तता है। अच्छे कान में 70 डेसिबल से अधिक अथवा दोनों कानों में पूर्ण श्रवण दोष होना ही श्रवण अक्षमता है।

योजना आयोग एवं दिव्यांगता जन अधिनियम 1995–वह व्यक्ति श्रवण बाधित कहा जाएगा जो 60 डेसिबल या उससे अधिक डेसिबल पर सुनने की क्षमता रखता हो।

श्रवण क्षतिग्रस्तता के प्रकार

व्यक्ति में श्रवण ह्रास किसी भी समय व किसी भी उम्र में हो सकता है। कुछ बच्चे जन्म से श्रवण समस्या से ग्रस्त होते है तो कुछ को बाद में संक्रमण इत्यादि के कारण हो जाता है कभी–कभी चोट, दुर्घटना व अन्य वातावरणीय कारण से अधिक उम्र में भी व्यक्ति श्रवण ह्रास के शिकार हो जाते है।

श्रवण क्षतिग्रस्तता के प्रकार

उम्र के अनुसार

उम्र के अनुसार श्रवण ह्रास को निम्नलिखित भागों में बांटा गया है:

a. जन्म से (Congenital Hearing Loss):–इस प्रकार का श्रवण ह्रास जन्म से ही उपस्थित रहता है जैसे आनुवांशिकता व गर्भावस्था के समय के कारणों से प्रभावित होकर

b. जन्म के बाद किसी समय (Acquired Hearing):–किसी प्रकार का श्रवण ह्रास जन्म लेने के बाद से लेकर बुढ़ापे तक किसी भी कारण से हो सकता है यह दो प्रकार के होते है–

- भाषा सीखने से पहले
- भाषा सीखने के बाद

गंभीरता के अनुसार

गंभीरता व डिग्री के अनुसार श्रवण क्षतिग्रस्तता को वैज्ञानिकों एवं विषय विशेषज्ञों द्वारा निम्नलिखित प्रकार से वर्गीकृत किंया गया है।

क्लार्क के अनुसार

10–25 डेसिबल	सामान्य (Normal)
26–40 डेसिबल	अतिअल्प (Mild)
41–55 डेसिबल	अल्प (Moderate)
56–70 डेसिबल	अल्पतम (Moderately)

71–90 डेसिबल	गंभीर (Severe)
91 या अधिक	अतिगंभीर (Profound)

विश्व स्वास्थ्य संगठन (WHO) के अनुसार

0–25 डेसिबल	सामान्य (Normal)
26–40 डेसिबल	अतिअल्प (Mild)
41–55 डेसिबल	अल्प (Moderate)
56–70 डेसिबल	अल्पतम (Moderately)
71–90 डेसिबल	गंभीर (Severe)
91 या अधिक	अतिगंभीर (Profound)

इन्हें मुख्यतः तीन प्रकार में वर्गीकृत किया गया है।

a. **चलित श्रवण क्षति**–जब बोन कंडक्शन (Bone Conduction) का थ्रेशोल्ड सामान्य हो और एयर कंडक्शन (Air Conduction) का थ्रेशोल्ड असामान्य हो और दोनों के बीच की दूरी 10 डेसिबल से अधिक हो तब इसे हम चालित श्रवण क्षति कहते है।

b. **संवेदीय श्रवण क्षति**–जब एयर कंडक्शन (Air Conduction) और बोन कंडक्शन (Bone Conduction) दोनों असामान्य तथा उनके बीच की दूरी 10 डेसिबल से कम हो तो इस स्थिति को संवेदीय श्रवण क्षति कहते है।

c. **मिश्रित श्रवण क्षति**–जब एयर कंडक्शन और बोन कंडक्शन दोनों असामान्य तथा उनके बीच की दूरी 10 डेसिबल से अधिक हो तो इसे हम मिश्रित श्रवण क्षति कहते है।

Characteristics of Hearing Impairment

1. आसानी से सुनने में कठिनाई होती है।
2. आसानी से किसी भी बात को समझने में कठिनाई होती है।
3. वे स्पष्ट रूप से अपनी भावनाओं, विचारों एवं आवश्यकताओं को व्यक्त नही कर सकते है।
4. वे उन नए कौशलों को नही सीख पाते है जिसे दूसरे को करते देखते है।

5. श्रवण क्षतिग्रस्त होने के कारण श्रवण बधिर बच्चे अपने उम्र के बच्चे के साथ समायोजन नही कर पाते वे अपने को सामान्य से भिन्न समझने लगते है और अलग–अलग रहने लगते है।
6. श्रवण अक्षम होने के कारण उनमें भाषा का विकास भी बहुत कम या बिल्कुल नही होता है।
7. ऐसे बच्चे अपनी बातों को व्यक्त करने के लिए सांकेतिक भाषा का उपयोग करते है।
8. ऐसे बच्चों का वाणी एवं भाषा का विकास पूरी तरह से नही हो पाता है।
9. वे सरलता से उच्च शिक्षा ग्रहण नहीं कर पाते है।
10. इन बच्चों में सामान्य बच्चों की अपेक्षा शैक्षिक उपलब्धि कम होती है।
11. इनके लिए श्रवण यंत्र का उपयोग जरूरी होता है।

10. Dwarfism: बौनापन

"बौनापन से कोई चिकित्सीय या अनुवांशिक दशा अभिप्रेरित है जिसके परिणामस्वरूप किसी वयस्क व्यक्ति की लम्बाई चार फीट दस इंच (147 से. मी.) या उस से कम हो।"

–दिव्यांगजन अधिकार अधिनियम, 2016

बौनापन इंसानों में आनुवांशिक या चिकित्सा स्थिति के कारण लम्बाई कम होने को कहा जाता है। बौनापन आमतौर पर 4 फीट 10 इंच या उससे कम की वयस्क ऊंचाई को कहा जाता है। बौनेपन वाले वयस्क लोगों की औसत लम्बाई 4 फीट होती है। अधिकतर जिन माता–पिता की औसत लम्बाई होती है उनके बच्चों में बौनापन देखने को मिलता है। बौनेपन से होने वाली समस्याओं से अन्य स्वास्थ्य समस्याएं भी हो सकती हैं जिनमें से अधिकतर समस्याओं का इलाज किया जा सकता है। जीवनभर नियमित जांच करना महत्वपूर्ण है। उचित चिकित्सा देखभाल से अधिकांश बौने लोग आम लोगों जैसे सक्रिय और उनके बराबर लम्बी जिन्दगी ही जीते हैं।

बौनापन बच्चों में पाया जाना वाला ऐसा रोग है जिसमें उनमें शारीरिक और मानसिक विकास पूरा नहीं हो पाता। इसमें वह शारीरिक रूप से अवरूद्ध होते हैं। इस रोग में बच्चे में जन्म से ही थाइरायड हारमोन्स की कमी पायी जाती है जिसे जन्मजात हाइपोथायरायडिक्स कहा जाता है।

परिभाषा—बौनापन एक चिकित्सा शर्त रोग है, जहां शारीरिक और मानसिक विकास गंभीर रूप से प्रभावित होता है जो आम तौर पर भ्रूण जीवन या बचपन के दौरान मातृ हाइपोथायरायडिज्म की वजह से अवरूद्ध होता है। लगभग 4000 में से 1 बच्चा इस रोग से पीड़ित होता है। यह रोग लड़कियों में ज्यादा पाया जाता है। यह रोग आहार में आयोडीन की मात्रा कम होने की वजह से होता है। जिसके कारण जीवन के प्रारम्भिक वर्षों में बच्चों में देर से वृद्धि होती है। कारण—बौनापन आहार में आयोडीन की कमी की वजह से होता है। इसने दुनिया भर में कई लोगों को प्रभावित किया है। आयोडीन एक आवश्यक तत्व है जो थायराइड हार्मोन के संश्लेषण के लिए आवश्यक है। आयोडीन कई खाद्य पदार्थों में पाया जाता है। आयोडीन आयोडाइड के रूप में महासागरों से वातावरण में प्रवेश करती है जो बारिश के रूप में पृथ्वी पर गिरकर मिट्टी में मिल जाता है। यह पहाड़ी इलाकों और बाढ़ प्रभावित जगहों पर ज्यादा पाया जाता है। जहां पानी और भारी वर्षा इस मिट्टी में से इसे अपने साथ बहाकर ले जाती है। इस कारण उन क्षेत्रों में रहने वाले लोगों में यह रोग हो जाता है। पैथोलॉजी—आयोडीन की कम मात्रा में हमारे थायराइड हार्मोन सही ढंग से अपना काम नहीं करता। इसके कारण हमारा मस्तिष्क, भीतरी कान प्रभावित हो जाते हैं, जो बहरापन, कठोरता पैदा कर देता है। "बौनापन से कोई चिकित्सीय या अनुवांशिक दशा अभिप्रेरित है जिसके परिणामस्वरूप किसी वयस्क व्यक्ति की लम्बाई चार फीट दस इंच (147 से.मी.) या उस से कम हो।"

बौनापन इंसानों में आनुवांशिक या चिकित्सा स्थिति के कारण लम्बाई कम होने को कहा जाता है। बौनापन आमतौर पर 4 फीट 10 इंच या उससे कम की वयस्क ऊंचाई को कहा जाता है। बौनेपन वाले वयस्क लोगों की औसत लम्बाई 4 फीट होती है। अधिकतर जिन माता—पिता की औसत लम्बाई होती है उनके बच्चों में बौनापन देखने को मिलता है। बौनेपन से होने वाली समस्याओं से अन्य स्वास्थ्य समस्याएं भी हो सकती हैं जिनमें से अधिकतर समस्याओं का इलाज किया जा सकता है। जीवनभर नियमित जांच कराना महत्वपूर्ण है। उचित चिकित्सा देखभाल से अधिकांश बौने लोग आम लोगों जैसे सक्रिय और उनके बराबर लम्बी जिन्दगी ही जीते हैं।

बौनापन के लक्षण

- शरीर के धड़ का औसत आकार होना।
- छोटे हाथ–पैर विशेष रूप से ऊपरी हाथ–पैर का छोटापन।
- छोटी अंगुलियां अक्सर बीच वाली अंगुली और अनामिका अंगुली (रिंग फिंगर) के बीच में चौड़ा विभाजन।
- कोहनी में सीमित गतिशीलता।
- बड़ा सिर, चौड़ा माथा और नाक का चपटा होना।
- धीरे–धीरे टांगों का बाहर की तरफ मुड़ते चले जाना।
- पीठ के निचले हिस्से का धीरे–धीरे झुकते चले जाना।
- मानक बाल चिकित्सा विकास चार्ट पर तीसरे प्रतिशत से नीची लम्बाई।
- उम्र के अनुसार लम्बाई कम होना।
- किशोरों में देरी से यौन विकास या कोई यौन विकास नहीं।
    - सुस्त लगना
    - झांके चेहरा
    - मोटी जीभ जो चिपचिपी होती है।
    - कब्ज
    - ड्राई बाल
    - पीलिया
    - मांसपेशियों में टोन की कमी
    - लघु ऊँचाई
    - सुस्ती
    - कर्कश रोना
    - मोटी त्वचा
    - गंभीर केस में चलने में परेशानी

बौनेपन के कारण

बौनेपन के अधिकतर केस आनुवंशिक विकार के कारण होते हैं लेकिन इससे जुड़े कुछ विकारों के कारण अज्ञात हैं। बौनेपन की अधिकांश घटनाएं जीन में हुई समस्या से होती हैं जैसे जीन की संरचनाओं में कमी आ जाना।

एकोंड्रॉप्लासिया–एकोंड्रॉप्लासिया वाले लगभग 80 प्रतिशत लोग औसत लम्बाई के माता–पिता के जन्मे हुए होते हैं। एकोंड्रॉप्लासिया वाले व्यक्ति के बच्चों के सामान्य या इसी समस्या से ग्रसित होने की बराबर सम्भावना रहती है।

टर्नर सिंड्रोम–टर्नर सिंड्रोम एक ऐसी स्थिति जो केवल लड़कियों और महिलाओं को प्रभावित करती है जिसके परिणामस्वरूप लड़कियों में होने वाला एक्स क्रोमोजोम आंशिक रूप से या पूरी तरह से गायब होता है। एक सामान्य लड़की अपने माँ–बाप दोनों से एक्स क्रोमोजोम लेती है। टर्नर सिंड्रोम वाली लड़की में एक ही फीमेल सेक्स क्रोमोजोम पूरी तरह काम करता है। **अन्य कारण**–बौनेपन के अन्य कारणों में अन्य अनुवांशिक विकार अन्य हार्मोन में कमी या पोषण की कमी शामिल हैं। कभी–कभी कारण अज्ञात भी होते हैं। इसके मुख्य 3 कारण है–

1. शरीर में थायराइड न होना
2. पिट्यूटरी ग्रंथि जो थायराइड ग्रंथि को उत्तेजित करती है, उसका सही ढंग से अपना काम न कर पाना।
3. यदि थायराइड हार्मोन सही ढंग से काम नहीं कर रहे।
4. Hashimolo Thyroidetes जहां शरीर की प्रतिरक्षा प्रणाली प्रभावित होती है।
5. यदि गर्भावस्था के दौरान रेडियोधर्मी से थायराइड ग्रंथि का इलाज किया जाए।
6. यदि शरीर में आयोडीन सही ढंग से काम न करे।
7. यदि गर्भावस्था के दौर एंटीबाडी Treneplacental के हो जाए और बच्चे में पहुंच जाए

ग्रोथ हार्मोन की कमी–ग्रोथ हार्मोन की कमी का कारण कभी–कभी जीन की संरचनाओं की कमी या चोट लगना पाया गया है लेकिन इस विकार वाले अधिकांश लोगों में कारण की पहचान नहीं की जा सकी है। **अन्य कारण**–बौनेपन के अन्य कारणों में अन्य अनुवांशिक विकार अन्य हार्मोन में कमी या पोषण की कमी शामिल हैं। कभी–कभी कारण अज्ञात भी होते हैं।

प्रकार

(Classification)

1. **Athyactic:-** यह भ्रूण थायराइड के अविकास के कारण होता है। यह विभिन्न क्षेत्रों में आयोडीन की कमी के कारण होता है। यह 3 प्रकार का होता है।

a. **Neurological:-** यह भ्रूण में Ty की कमी से होता है।

b. **Raschin Beck:-** Ty Selenoenzyme Lodothyenine Deuodenaise की उपस्थिति में T3 में बदलता है। यदि इसकी कमी हो तो यह रोग हो सकता है। इसके कारण बौनापन और मानसिक दिव्यांगता होती है।

c. **My Koedematous**—बौनापन

इसका मुख्य कारण थायराइड हार्मोन का न बनना होता है। परीक्षण—

1. कम टोन
2. लघु ऊँचाई
3. कर्कश रोना
4. लघु हाथ और पैर
5. छोटी उंगलियां
6. खोपड़ी पर बहुत बड़ी नरम स्थल
7. मानसिक मंदता
8. विकास मंदता

रोकथाम

गर्भवती स्त्री को थायरायड कैंसर के इलाज के लिए रेडियोधर्मी आयोडीन नहीं दी जानी चाहिए एवं आयोडीन को उचित मात्रा दी जानी चाहिए। यह रोग बाल मानसिक मंदता से भी जुड़ा होता है। रोग का निदान—केवल 20—25 प्रतिशत बच्चे 20 से अधिक आयु तक जीवित नहीं रहते हैं। उपचार—दोनों ऊपरी और निचले अंगों का व्यायाम करवाना चाहिए। निष्क्रिय गति की सीमा अभ्यास अगर बच्चे अपने आप व्यायाम करने में सक्षम नहीं है तो अभ्यास चिकित्सक द्वारा करवाया जाना चाहिए। बच्चे की कमजोर मांसपेशियों में शक्ति लाने के लिए विरोध अभ्यास व्यायाम करवाना चाहिए। बच्चे को सही मुद्रा में चलना सीखाना चाहिए। पिंडली की मांसपेशियों की खींच मांसपेशियों के लचीलेपन में सुधार लायेगी।

11. Leprocy Cured Person: कुष्ठ रोग मुक्त व्यक्ति

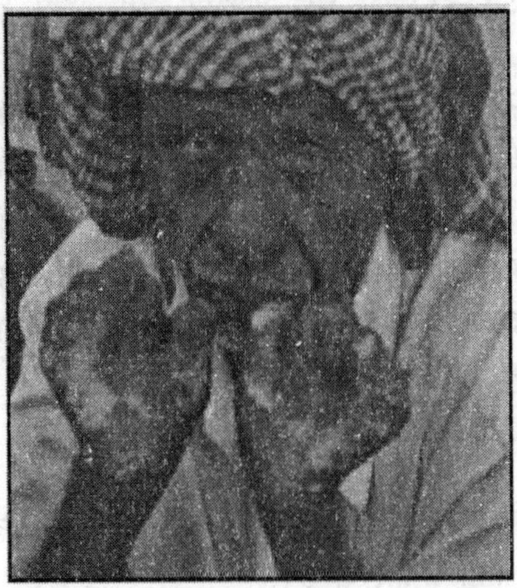

कुष्ठ रोग में संवेदनशीलता समाप्त हो जाती है। संवेदन नही रहने की वजह से व्यक्ति लापरवाही से कार्य करते हैं। उन्हें पता भी नही चलता है कि पैरो में छाले पड़ जाते है और संक्रमण हो जाता है। धीरे–धीरे मांस और हड्डियां गलने लगती है जिसके फलस्वरूप विकृतियां आ जाती है। कुष्ठ रोग सही एवं नियमित उपचार कराने से ठीक हो जाता हैं। परन्तु कभी–कभी यदि संक्रमण अधिक होता है तो विकृतियां रह जाती हैं

–दिव्यांगजन अधिकार अधिनियम, 2016

माइकोबैक्टेरियम लेप्रै एक जीवाणु है जो कुष्ठ रोग नामक एक प्रगतिशील, पुरानी जीवाणु की अस्तर, ऊपरी श्वसन पथ और चरमपंथियों में नसों से प्रभावित होते हैं। कुष्ठ रोग तंत्रिका क्षति, मांसपेशी कमजोरी और त्वचा घाव पैदा करता है। यदि इलाज नहीं किया जाता है, तो इसके परिणामस्वरूप महत्वपूर्ण अक्षमता और गंभीर रूप से डिफिगरेशन हो सकता है। कुष्ठरोग बहुत सारे देशों में काफी आम है। खासतौर पर उन लोगों में उपोष्णकटिबंधीय या उष्णकटिबंधीय जलवायु होते हैं।

कुष्ठ रोग मुक्त व्यक्ति

"कुष्ठ रोग मुक्त व्यक्ति से ऐसा व्यक्ति अभिप्रेरित है जो कुष्ठ रोग से रोग मुक्त हो गया है किन्तु निम्नलिखित से पीड़ित है–

1. हाथ या पैरों में सुग्राहीकरण ह्रास के साथ–साथ आँख या पलक में सुग्राहीकरण का ह्रास और आंशिक घात किंतु व्यक्ति विरूपता नहीं है;
2. व्यक्त विरूपता और आंशिक घात किन्तु उसके हाथों और पैरों में पर्याप्त गतिशीलता है जिससे वह सामान्य व्यवसायिक क्रियाकलापों में लगे रहने के लिए सक्षम है;
3. अत्यंत शारीरिक विरूपता के साथ–साथ वृद्ध जो उसे कोई लाभप्रद व्यवसाय करने से निवारित करती है और कुष्ठ रोग मुक्त व्यक्ति पद का तदानुसार अर्थ लगाया जायेगा"

कुष्ठ रोग के प्रकार

कुष्ठ रोग की विभिन्न विशेषज्ञों ने विभिन्न प्रकार से वर्गीकृत किया है। मुख्य रूप से तीन प्रणालियाँ है।

1. **तपेदिक कुष्ठ रोग बनाम कुष्ठ रोग, कुष्ठ बनाम सीमा रेखा कुष्ठः**–पहली प्रणाली तीन प्रकार के कुष्ठ रोग देखा जाता है। टयूबरकुलाइड, लेप्रोमैटस और बॉँर्डरलाइन, रोग के लिए एक व्यक्ति की प्रतिरक्षा प्रतिक्रिया निर्धारित करती है। कि व्यक्ति को किस प्रकार का कुष्ठ रोग है।
2. **तपेदिक कुष्ठ रोगः**–में प्रतिरक्षा अच्छी है। इस तरह के संक्रमण वाले व्यक्ति केवल कुछ घाव दिखते कुष्ठ रोग माइक्रोवैक्टीरियम लैप्राई नामक जीवाणु से फैलता है। यह जीवाणु शरीर में बहुत धीरे–धीरे लगभग 4–5 वर्ष में फैलता है और इसका प्रभाव परिलक्षित होता है। इससे सर्वप्रथम त्वचा तत्पश्चात शरीर की आंतों की नसों, नाक की परत, ऊपरी श्वसन पथ प्रभावित होता है।
3. **कुष्ठ रोगः**–में प्रतिरक्षा प्रतिक्रिया खराब है। इसमें त्वचा, नसों एवं अन्य अंग को भी प्रभावित करती है। व्यापक घाव बड़े गांठ रोग का यह प्रकार अधिक संक्रामक होता है।
4. **सीमावर्ती कुष्ठ रोगः**–तपेदिक और कुष्ठ रोग के बीच के प्रकारों को माना जाता है। दोनों रोग शामिल होते है।

विश्व स्वास्थ्य संगठन (WHO) का वर्गीकरण

यह प्रभावित त्वचा क्षेत्रों के प्रकार और संख्या के आधार पर रोग को विभाजित किया है।

1. **पहली श्रेणीः**—Paucibacillary है। इसमें पाँच से कम घाव और त्वचा के नमूनों में कोई जीवाणु नही पाया जाता है।
2. **दूसरी श्रेणीः**—मल्टीबैसिलरी है। पाँच से अधिक घाव रहता है। त्वचा में धब्बा एवं जीवाणु का पता लगाया जा सकता है।

3. रिडले जोपलिंग प्रकार

वर्गीकरण लक्षण रोग प्रतिक्रिया

1. टयूबर कुलोयड रोग में त्वचा का रंग बदल जाता है। यह स्त्री या पुरूष दोनों को किसी भी उम्र में हो सकता है
2. बाल झड़ना
3. संवेदना समाप्त होना
4. नस मोटा होना
5. पसीना न आना
7. मुस्कुलो एनेस्थेटिक संवेदना शून्य हो जाता है
8. यह भी स्त्री पुरूष दोनों को हो सकता है त्वचा एवं नस प्रभावित होते है। यह छोटे बच्चों को अधिक होता है। लैप्रोमिन परीक्षण पाँजिटिव होता है।
9. लैप्रोमेट्स नाक से खून बहता है। स्त्री पुरूष दोनों को हो सकता है। कलाई और पैर मुड़ जाते है। शरीर शून्य पड़ जाता है। लैप्रोमिन परीक्षण नैगेटिव होता है।
10. हिस्ट्रावायड पूरे शरीर की त्वचा कुष्ठ रोग प्रभावित होती है। अधिकतर कोहनी एवं घुटने में उभार बिन्दु के रूप में होता है। आँख की भौह बहुत कम या ना के बराबर होती है।
11. बार्डर लाईन ठंडा एवं गरम की संवेदना खत्म हो जाती है। यह भी स्त्री पुरूष दोनों को किसी भी उम्र में हो सकता है। कुष्ठरोग

में कमजोरी महसूस एवं शरीर शून्य पड़ जाता है। कलाई एवं घुटने में विकृति हो जाती है।

12. पालिन्यूराइटिक त्वचा में धब्बे पड़ना, स्त्री पुरूष दोनों को किसी भी उम्र में हो सकता है। कुष्ठ रोग में संवेदना समाप्त हो जाना, माँसपेशियों का सूखापन, नसों का प्रभावित होना है।

कुष्ठ रोग का उपचार

विश्व स्वास्थ्य संगठन 1995 मल्टीड्रग थैरेपी सभी प्रकार के कुष्ठ रोगी को ठीक करने के लिए सभी जगह मुफ्त उपलब्ध है। इसके अलावा कई एंटीबायोटिक दवाओं के कारण होने वाले जीवाणुओं को मारकर कुष्ठ रोग का इलाज करते है जो निम्न है।

1. डैपसॉन (Aczone)
2. रिफैम्पिन (रिफैडिन)
3. क्लोफज़िमाइन (लैंमपिन)
4. माइनोसाइक्लिन (मिनोसिन)
5. ओक्लाक्सासिन (Ocaflux)

डाक्टर रोगी की रोग की गम्भीरता के अनुसार एक से अधिक एटीबायोटिक दे सकता है। उपचार लगभग 1 से 2 वर्ष तक चल सकता है।

कुष्ठ रोग के लक्षण

- आंखों या पैर में दर्द।
- त्वचा पर रंग, गांठ, छोटे टक्कर, अल्सर या लाली का नुकसान।
- शारीरिक विकृति।
- कम सनसनी और संयम।

इस रोग में त्वचा पर तेज दर्द वाले चकत्ते या अंशीय संवेदन (ऐसा दर्द जिसमें रोगग्रस्त स्थान को हल्का छूना भी बर्दाश्त नहीं होता।) वाले चकत्ते होते हैं। ऐसे घाव जल्दी ठीक नहीं होते हैं या पैरों के अल्सर जो ठीक नहीं होते हैं। इस रोग में त्वचा मोटी हो जाती है, चेहरे पर झुर्रिया पड़ जाती है, स्नायुओं पर इस रोग का संक्रमण हो जाने से रोगी को किसी–किसी अंग में झनझनाहट महसूस होती रहती है।

कुष्ठ रोग के कारण

माइकोबैक्टेरियम लेप्री (Mycobacterium Leprae) और माइकोबैक्टेरियम लेप्रोमैटॉसिस (Mycobacterium Lepromatosis) कुष्ठ रोग का कारण बनने वाले एजेंट हैं।

- मल–मूत्र के वेग को रोकने के कारण शरीर का खून दूषित हो जाता है जिसके कारण से कुष्ठ रोग हो जाता है।
- कुष्ठ रोग होने का सबसे प्रमुख कारण शरीर के खून का खराब हो जाना है।
- हार्मोन्स की गड़बड़ी होने तथा मानसिक आघात होने के कारण शरीर की रक्त संचारण प्रणाली में गड़बड़ी हो जाती है जिसके कारण से कुष्ठ रोग हो जाता है।
- अधिक नमक, मिर्च–मसालें वाली चीजों के खाने से रक्त दूषित हो जाता है जिसके कारण से व्यक्ति को कुष्ठ रोग हो जाता है।
- शक्तिशाली एन्टीबायोटिक तथा तेज औषधियों का सेवन करने के कारण भी कुष्ठ रोग हो जाता है क्योंकि इन दवाइयों के कारण शरीर के खून में जहरीले तत्व फैल जाते हैं।
- अधिक नशीली चीजों का सेवन करने के कारण भी यह रोग हो सकता है क्योंकि इन नशीली चीजों के कारण शरीर का रक्त दूषित हो जाता है।

12. Learning Disabilities: अधिगम अक्षमता

प्रत्येक व्यक्ति की क्षमताएं अलग–अलग होती है। इन क्षमता के अनुसार वह विभिन्न सारी क्रिया करता है जैसे पढ़ना, लिखना, गणित का कार्य इत्यादि। परन्तु कुछ ऐसे भी बच्चे होते है जो सारी क्षमता होने के बाद भी वह इन क्रियाओं में पिछड़े होते है या इन कौशलों को करने में बहुत सारी गलतियां करते हैं।

अधिगम शब्द का अर्थ सीखने से है तथा अक्षमता का तात्पर्य क्षमता के अभाव से है अर्थात् अधिगम अक्षमता का तात्पर्य सीखने की क्षमता अथवा योग्यता की कमी या अनुपस्थिति से है।

परिभाषा

PWD Act 2016—के अनुसार अधिगम अक्षमता से स्थितियों का ऐसा विजातीय समूह अभिप्रेत है। जिसमें भाषा को बोलने या लिखने की प्रक्रिया द्वारा आलेखन करने की कमी विद्यमान होती है जो समझने, बोलने, पढ़ने, लिखने, अर्थ निकालने या गणितीय गणना करने के रूप में सामने आती है और इसके अंतर्गत बोधक दिव्यांगता डिस्लेक्सिया, डिसग्राफिया, डीस्कलकुलिया डिस्प्रक्रिसया और विकासात्मक एफसीआ जैसी स्थितियां भी है।

नेशनल एडवाइजरी कमेटी आन हैन्डिकैप्ड चिल्ड्रेन 1986 के अनुसार—अधिगम अक्षमता वाले बच्चे लिखने एवं बोलने (पढ़ने) सम्बंधी

मनोवैज्ञानिक प्रक्रियाओं के एक या अधिक पहलुओं में विकृति प्रदर्शित करते है। इस अक्षमता का प्रदर्शन सुनना, चिंतन, बातचीत, पढ़ना, लेखन कौशल, शब्द विन्यास एवं गणितीयं कौशलों में क्षीणता के रूप में होती है। इसके अन्तर्गत कुछ स्थितियां भी जुड़ी रहती है जैसे प्रत्यक्षणात्मक समस्याएं, मस्तिष्कीय चोट, सीमांत मस्तिष्कीय विकृति, विकासात्मक भाषा दोष आदि इसके अन्तर्गत संवेदी अंगों में अक्षमता, मानसिक मंदता, शारीरिक दिव्यांगता, संवेगात्मक विकास एवं सामाजिक वंचना के कारण उत्पन्न शैक्षणिक समस्याओं को नहीं सम्मिलित किया जाता है।

अधिगम अक्षमता के प्रकार

अधिगम अक्षमता बच्चों के मुख्य रूप से पढ़ने, लिखने एवं गणित के कौशल सीखने में बाधा उत्पन्न हो सकती है।

1. डिस्केल्कुलिया (Dyscalculia)
2. डिसग्राफिया (Dysgraphia)
3. डिस्लेम्सिया (Dyslexia)

1. डिस्केल्कुलिया–इस प्रकार के बच्चों में गणित के कौशल में विकृति पाई जाती है। इस प्रकार के बच्चों को संख्या को समझने, गणित के तथ्यों को सीखने की क्षमता को प्रभावित करती है। जैसे गणित के चिन्ह, समय बताना, संख्या को व्यवस्थित करना एवं गिनती में परेशानी होती है या फिर उन्हें समझ नहीं आता है।

2. डिसग्राफिया–इस प्रकार के बच्चों में लेखन कौशल में विकृति देखने को मिलती है। लिखावट क्षमता और ठीक मोटर कौशल को प्रभावित करती है। जैसें–गैरकानूनी लिखावट, असंगत रिक्ति, कागज पर खराब स्थानिक योजना, खराब वर्तनी और लिखने के साथ–साथ सोचने और लिखने में कठिनाई पैदा करना शामिल हो सकता है।

3. डिस्लेक्सिया–इस प्रकार के अधिगम अक्षम बच्चे के पढ़ने से सम्बन्धित विकृति पायी जाती है। पढ़ना प्रवाह, डिकोडिंग पढ़ने की समझ, याद करके लिखना, वर्तनी और कभी–कभी भाषण को प्रभावित कर सकती है। अन्य संबंधित विकारों के साथ मौजूद हो सकती है। भाषा आधारित सीखने की अक्षमता के रूप में जाना जाता है।

लक्षण

सामान्य और सामान्य से थोड़ा ज्यादा सोचने एवं तर्क करने की योग्यता

- औसत विद्यालय उपलब्धि से निम्न का प्रदर्शन
- उपलब्धि और योग्यता के बीच में सार्थक अंतर का प्रदर्शन
- निष्पादन संबंधी कठिनाई से युक्त
- बिना सोचे–विचारे कार्य करना
- उपयुक्त आचरण नहीं करना
- निर्णयात्मक क्षमता का अभाव
- स्वयं के प्रति लापरवाही
- लक्ष्य से आसानी से विचलित होना
- सामान्य ध्वनियों एवं दृश्यों के प्रति आकर्षण
- ध्यान कम केन्द्रित करना या ध्यान का भटकाव
- भावात्मक अस्थिरता
- एक ही स्थिति में शांत एवं स्थिर रहने की असमर्थता
- स्वप्रगति के प्रति लापरवाही बरतना
- सामान्य से ज्यादा सक्रियता
- गामक क्रियाओं में बाधा
- कार्य करने की मंद गति
- सामान्य कार्य को संपादित करने के लिए एक से अधिक बार प्रयास करना
- पाठ्य सहगामी क्रियाओं में शामिल नहीं होना
- क्षीण स्मरण शक्ति का होना
- बिना बाह्य हस्तक्षेप के अन्य गतिविधियों में भाग लेने में असमर्थ होना तथा
- प्रत्यक्षीकरण संबंधी दोष।

अधिगम दिव्यांगता के कारण

सीखने की अशक्तता का कोई एक विशेष या इकलौता कारण नहीं है। लेकिन कुछ कारक हैं जो सीखने की अशक्तता पैदा कर सकते हैं।

आनुवंशिकी–ये देखा गया है कि एक बच्चा जिसके माता–पिता को सीखने की अशक्तता है उसे वही विकार होने की पूरी आशंका रहती है।

जन्म के दौरान या उसके पश्चात की बीमारी–जन्म के समय या उसके बाद होने वाली कोई बीमारी या चोट सीखने की अशक्तता का कारण बन सकती है। दूसरे संभावित कारकों में हैं–गर्भावस्था के दौरान ड्रग या एल्कोहल का सेवन, शारीरिक कष्ट या यातना। गर्भाशय की कमजोरी जन्म के समय का कम वजन और समयपूर्व या लंबा प्रसव।

नवजात समय का तनाव–जन्म के बाद कोई तनावपूर्ण घटनाक्रम जैसे तेज बुखार, सिर की चोट या अल्प पोषण।

पर्यावरण–सीसा (पेंट सेरेमिक खिलौनों आदि में) जैसे हानिकारक या विषैले तत्वों से बढ़ी हुई नजदीकी (एक्सपोजर)।

सहरूग्णता–सीखने की अशक्तता वाले बच्चों में ध्यान देने संबंधी समस्याएँ या अवरोधक व्यवहार से जुड़े विकारों की आशंका औसत से ज्यादा देखी गई है। पढ़ने में असक्षम 25 फीसदी बच्चों में एडीएचडी भी पाया जाता है। इसका उलटा भी कमोबेश देखा ही जाता है मसलन अनुमान है कि 15 से 30 फीसदी एडीएचडी वाले बच्चों में सीखने की अक्षमता भी पाई जाती है।

अधिगम अक्षमता के उपचार

अधिगम अक्षम बच्चों की पढ़ने, लिखने, गणित जैसी शैक्षणिक समस्या पायी जाती है। इसलिए इन्हें शीघ्र हस्तक्षेप, विभिन्न शैक्षणिक विधियां व्यवहार चिकित्सा इत्यादि का इस्तमाल करते है।

1. चिकित्सकीय हस्तक्षेपः–अधिगम अक्षमता बच्चों के लिए औषधि का उपयोग नहीं करते है। अधिगम अक्षमता के साथ सह सम्बद्ध दिव्यांगता यदि किसी बच्चे में है। तो उसके समस्या के अनुसार, भौतिक चिकित्सा, वाणी चिकित्सा, व्यवसाय चिकित्सा एवं औषधि का उपयोग करते है।

2. व्यवहार परिमार्जनः–इन बच्चों में सामाजिक व्यवहार में कमी पायी जाती है। कक्षा के अन्य बच्चों के स्तर के शैक्षणिक स्तर से बच्चे कार्य नही कर पाते है। जिस कारण इन बच्चों में चिड़चिड़ापन एवं कुछ समस्या व्यवहार भी देखने को मिलता है। इन्हें व्यवहार परिमार्जन तकनीकों (दण्ड विहिन) विधियों का उपयोग करके व्यवहार परिमार्जन किया जाता है।

3. शैक्षणिक प्रबन्धनः—अधिगम अक्षम बच्चों की शैक्षणिक (पढ़ने, लिखने, गणित) कौशल में समस्या देखने को मिलती है। VAKT विधि, (दृष्टि, श्रवण, गतिज, स्पर्श) भाषा सम्बन्धी विधि, शब्द बनाने विधि, कम्प्यूटर का प्रयोग कर डिस्टार उपागम, गितिन्धम—स्टिलमन उपागम पिक्चर समागम विधि, इन बच्चों को मन में न पढ़कर बोल—बोलकर पढ़ने एवं एक ही अभ्यास को बार—बार पढ़ने को कहते है।

लिखना सीखाने के लिए सबसे पहले पैंसिल की पकड़ सही करते है। उसके पश्चात कागज की सही स्थिति में रखना सिखाते है। फाउक उपागम का भी प्रयोग करते हुए शिक्षक स्वयं अक्षर लिखता है और बच्चे उसे देखकर नकल करके, फिर स्मृति द्वारा लिखते है। नीदर मेयर उपागम के अन्तर्गत शिक्षक बिन्दु बनाता है। बच्चे बिन्दु मिलान लगभग 12 बार करते हैं। इन बच्चों को स्पेलिंग लिखने में समस्या पायी जाती है। इसके लिए प्रति दिन तीन से चार नए शब्द बच्चे के सिखाते है। जैसे—जैसे बच्चा आगे बढ़ता जाता है। सीखे गए पुराने शब्द की भी प्रतिदिन अभ्यास कराते रहना चाहिए। कोशिश यह करनी चाहिए कि बच्चे को व्यक्तिगत शैक्षणिक कार्यक्रम के द्वारा सीखाना चाहिए। गणित सिखाने में बच्चे को वन—टू—वन करसपाँन्डेन्स के माध्यम से सीखाना चाहिए। अधिगम अक्षम बच्चे के इकाई, दहाई का ज्ञान का अर्थपूर्ण गिनती, स्पर्श गणित, कैलकुलेटर का प्रयोग करना सिखाते है।

13. Low Vision: अल्प दृष्टि बाधित

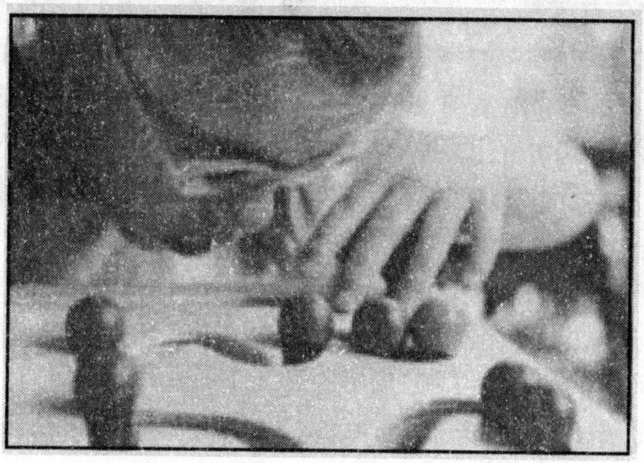

अल्प दृष्टि से ऐसी स्थिति अभिप्रेत है जिसमें व्यक्ति की निम्नलिखित में से कोई एक स्थिति होती है–

1. बेहतर आंख में सर्वाधिक संभव सुधार के साथ 6/18 से अधिक या 20/200 से कम से 3/60 तक या 10/200 (स्नेलन) तक दृश्य सुतीक्ष्णता या
2. 40 डिग्री से कम से 10 डिग्री तक की कक्षांतरित अल्प दृष्टि की क्षेत्र परिसीमा

–दिव्यांगजन अधिकार अधिनियम, 2016

आपको दूर की कोई चीज धुंधली नजर आती है या फिर करीब की किसी चीज को देखने में आपको परेशानी होती है। अगर ऐसा है तो आपको दृष्टि दोष है। आंखों की समस्या हमेशा साफतौर पर पहचान में नहीं आती। खासतौर पर बचपन में लोग इस तकलीफ को पहचान पाने में असमर्थ होते हैं। निकट दृष्टि दोष (मायोपिया) और दूर दृष्टि दोष (प्रिस्बोपायोपिया) नजर से संबंधित सबसे समान्य बीमारियों में शामिल हैं। ये वास्तव में अपवर्तक त्रुटियां हैं।

अल्प दृष्टि बाधित के प्रकार

अमेरिकन और टोमेट्रिक एसोसिएशन ने कम दृष्टि को दो श्रेणियों में बांटा है।

1. आंशिक दृष्टि:– इसमें व्यक्ति के पास पारंपरिक पर्चे लैंस के साथ 20/70 और 20/200 के बीच दृश्य तीक्ष्णता है।

2. कानूनी रूप से दृष्टिः—व्यक्ति के पास पारंपरिक सुधार और/या 20 डिग्री से कम दृष्टि के प्रतिबंधित क्षेत्र के साथ दृश्य तीक्ष्णता 20/200 से बेहतर नहीं है।

अन्य प्रकारः—कोई भी व्यक्ति अल्प दृष्टि बाधित हो सकता है। अधिक आयु 70+ के व्यक्ति 4 में से 1 व्यक्ति अल्पदृष्टि बाधित होता है। चोट के कारण भी हो सकता है। जिसमें निम्न प्रकार शामिल है।

1. केन्द्रीय दृष्टि का नुकसानः—किसी की दृष्टि के केन्द्र में एक अन्धा स्थान होता है।

2. पेरिफेरल (साइड) दृष्टि का नुकसानः—आँख के स्तर के ऊपर या नीचे किसी भी चीज को देखने में असमर्थता होती है। केंद्रीय दृष्टि हालांकि बरकरार होती है।

3. रतौंधीः—सिनेमाघरों के साथ—साथ रात के बाहर भी खराब रोशनी वाले इलाकों में देखने में असमर्थता होती है।

4. धंधली दृष्टिः—निकट और दूर की वस्तुएं ध्यान से बाहर दिखाई देती है।

5. धुंधला दृष्टिः—दृष्टि का पूरा क्षेत्र एक फिल्म या चमक के साथ कवर किया गया प्रतीत होता है।

अल्प दृष्टि बाधित के लक्षण

- धुंधला दिखाई देना
- दो—दो दिखाई देना
- अस्पष्टता
- चकाचौंध या किसी वस्तु के पास चमकदार रोशनी दिखना
- भेंगा
- सिरदर्द
- नेत्र तनाव
- ध्यान देने में कठिनाई

अल्प दृष्टि बाधित के कारण

कुछ दुर्लभ मामलों में कुछ आंखें संबंधी रोग जैसे रेटीनोपैथी (रिटिनोपैथी) या आंख में टयूमर आदि की वजह से ये समस्या पैदा हो सकती है

- निकट दृष्टि दोष
- दूरदृष्टि दोष
- दृष्टिवैषम्य
- असमर्थित मोतियाबिंद
- आंख का रोग
- आनुवंशिक दोष

अल्प दृष्टि बाधित के उपचार

अल्प दृष्टि को पूरी तरह ठीक नहीं किया जा सकता है। अल्प दृष्टि बाधित को उपकरणों की मदद से सुधार लाया जा सकता है। जिसमें मैग्निफायर और रीडिंग प्रिज्म, बड़े–प्रिंट पढ़ने की सामग्री, उच्च विपरीत घड़ियाँ, बात करने वाली मशीनें, चश्मे है। कॉन्टेक्ट लैंस शामिल है। दृष्टि को बहाल करने या बनाए रखने के लिए कुछ दृष्टि विकारों, जैसे मधुमेह रेटिनापैथी का इलाज किया जा सकता है। रेटिनाइटिस पिगमेटोसा वाले कुछ रोगी जिनके पास कोई उपयोगी दृष्टि नहीं है। वे रेटिना कृत्रिम अंग के लिए पात्र हो सकते है। यह उपकरण उन रोगियों के लिए आंशिक रूप से उपयोगी हो सकता जिन्होंने अपनी दृष्टि खो दी है।

कम दृष्टि चश्मा, लैंस पर्चे से ठीक नहीं किया जा सकता है। इस प्रकार की दृष्टि हानि में पूर्ण रूप से दृष्टि बाधित शामिल नहीं है। क्योंकि इनमें कुछ दृष्टि रहती है। जिन्हें कभी–कभी दृश्य एड्स के उपयोग के साथ सुधार किया जा सकता है। कम दृष्टि में विभिन्न डिग्री शामिल है। जैसे अन्धा धब्बे, खराब रात दृष्टि और दृष्टि के लगभग पूर्ण नुकसान की चकाचौंध के साथ समस्याएं।

14. Acid Attack Victim: तेजाब हमला पीड़ित

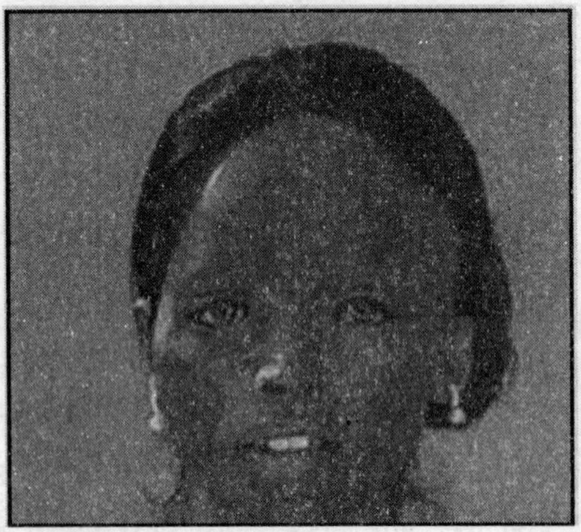

तेजाब हमला पीड़ित

तेजाब हमला हिंसा का एक रूप है। जिसमें एसिड या किसी अन्य ज्वलनशील पदार्थ को एक व्यक्ति पर फेंक दिया जाता है। आमतौर पर महिला या लड़की उन्हें उकसाने, यातना देने या उन्हें मारने के इरादे से किया जाता है। यह महिलाओं या लड़कियों के खिलाफ हिंसा का एक चरम रूप हैं। विश्व स्तर पर लगभग 1500 तेजाब हमले एक वर्ष में होते है। तेजाब हमले का मुख्य कारण स्त्री का शादी से इनकार, सेक्स के लिए इनकार के कारण करते है।

"तेजाबी आक्रमण पीड़ित से तेजाब या समान संक्षारित पदार्थ को फेंककर किये गए हिंसक हमले के कारण पीड़ित व्यक्ति अभिप्रेरित है।"

–दिव्यांगजन अधिकार अधिनियम, 2016

तेजाब आक्रमण पीड़ित में तेजाब से झुलसे हुए या फिर अन्य किसी ज्वलनशील पदार्थ से झुलसे हुए लोग आते हैं जिनके शरीर को और इनकी संरचना पर असर पड़ता है।

तेजाबी आक्रमण पीड़ित के लक्षण

- त्वचा में संवेदनशीलता की कमी हो जाना।
- ज्वलनशील पदार्थ आँखों में जाने से दृष्टि की कमी या अभाव हो जाना।

- होंठों की बनावट पर असर पड़ना, हाथों और शरीर पर उगने वाले बालों का विलोप हो जाना।
- खून की नसों पर प्रभाव पड़ना।
- समाज में अपनी भूमिका निभा पाने में बाधा उत्पन्न होना।
- अन्य कोई रोग उत्पन्न हो जाना।

तेजाबी आक्रमण पीड़ित के कारण

शरीर पर या किसी भी अंग पर ज्वलनशील पदार्थ का फेंका जाना या गिर जाना।

तेजाबी आक्रमण पीड़ित के उपचार

तेजाब हमला पीड़ित के उपचारः— तेजाब हमला होने के बाद पीड़ित को गीले कपड़े का उपयोग करने के बजाय बहते पानी में डुबोएं। पानी एसिड को पतला करता है। यदि पदार्थ पाउडर के रूप में है। तो अपनी त्वचा की सुरक्षा के लिए कपड़ों के एक टुकड़े का उपयोग कर सकते है। कपड़े एवं गहने को उतार दे जिससे तेजाब लगा हो तुरन्त डाक्टर के पास ले जाए। डाक्टर के पास से आने के बाद नियमित घर पर ड्रेसिंग बदलते रहना चाहिए। गम्भीर तेजाब पीड़ितों के लिए फिजियोथेरेपी करवाने के लिए जिसके तंत्रिका तंत्र जलने से प्रभावित होती है। इसके अलावा कुछ रासायनिक पदार्थ जो तेजाब को बेअसर करता है। और आसानी से उपलब्ध हो जैसे सोडियम हाइड्रोक्साइड (कास्टिक सो(ड़ा), गेलुसिल या इस तरह के किसी भी सिरप सफेद रंग का टूथपेस्ट, दूषित कपड़ों को शरीर से हटा दे।

1. 911 पर फोन कर

2. तुरन्त एम्बुलेस बुलाए

3. डाक्टर के पास ले जाए

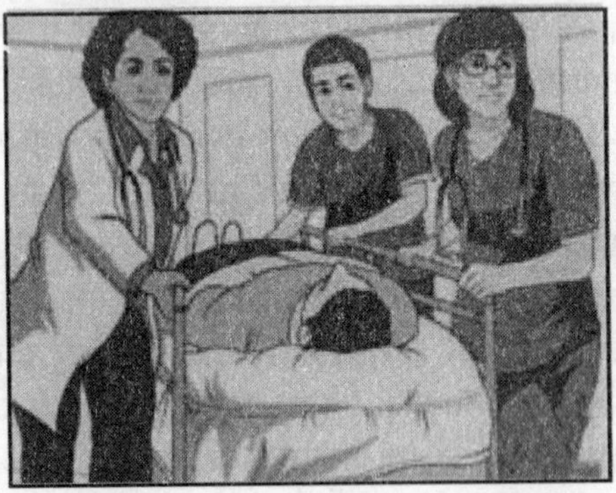

4. एक जगह लेटाए

5. तेजाब गिरे वस्त्र उतार दे

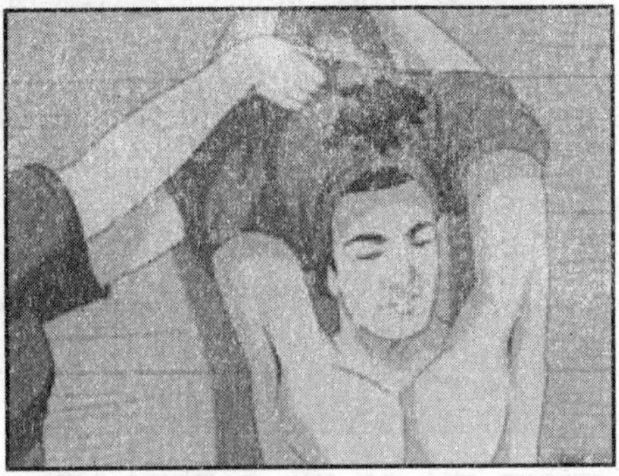

6. तेजाब गिरे पहने सामान उतार दे

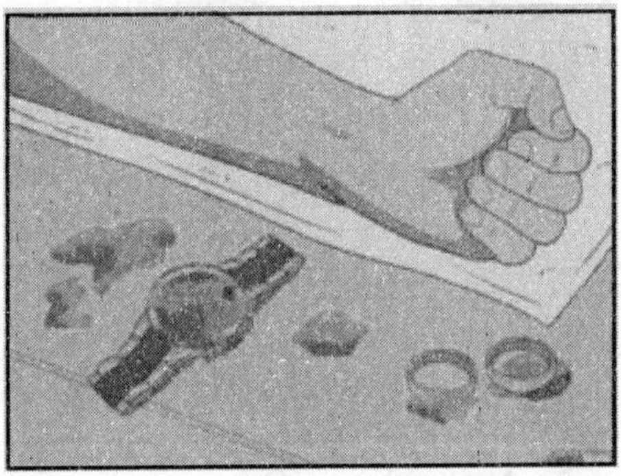

7. तेजाब गिरे वस्त्र से तेजाब उतार दे

8. साफ वस्त्र पहनाए

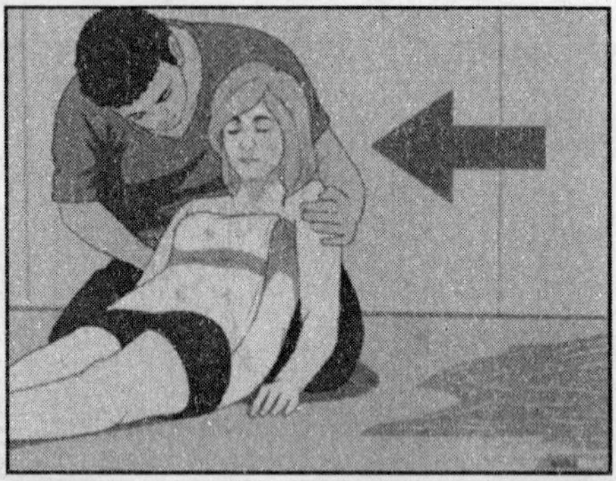

9. पानी से कुल्ला करे 10 से 15 मिनट तक

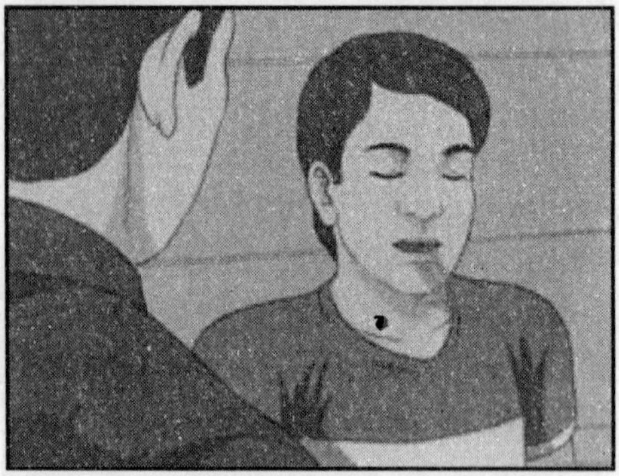

10. बहते पानी से 20 से 25 मिनट तक शरीर धोए

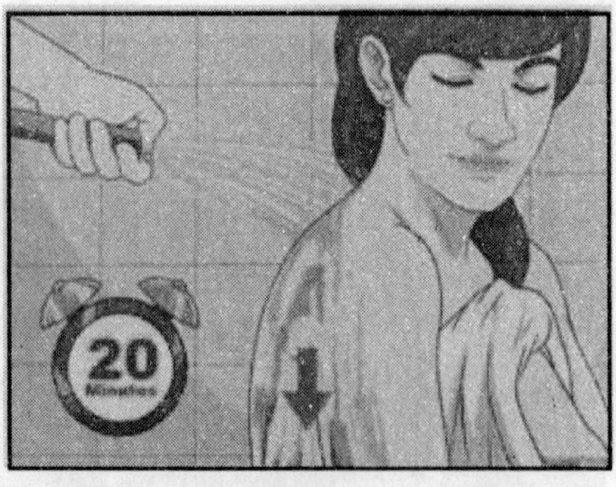

11. बहते पानी से 20 से 25 मिनट तक आंख धोए

12. उपचार कई सालों तक चल सकता है

15. High Hearer: ऊँचा सुनने वाला व्यक्ति

"ऊँचा सुनने वाले व्यक्ति से दोनों कानों से संवाद आवृतियों में 60 डेसिबेल से 70 डेसिबेल श्रव्य ह्रास वाला व्यक्ति अभिप्रेत है।"

–दिव्यांगजन अधिकार अधिनियम, 2016

ऊँचा सुनना एक आम बीमारी है। इसमें रोगी की सुनने की क्षमता धीरे–धीरे कम होने लगती है। ऊँचा सुनना से व्यक्ति की सामाजिक और मानसिक परेशानियां भी बढ़ जाती है। ऊँचा सुनना या हियरिंग लॉस आनुवांशिकता के कारण भी हो सकता है। बहरापन एक या दोनों कानों को प्रभावित कर सकता है।

ऊँचा सुनने के लक्षण

कम सुनने का लक्षण बहुत धीरे–धीरे पता चलता है। जिससे इस बीमारी का सही समय पर उपचार नहीं हो पाता है।

- कानों में सीटी की आवाज सुनाई देना
- कम या ऊंचा सुनना
- फोन पर बात करने में परेशानी होना
- शोरगुल में बातचीत समझ न पाना
- किसी को कही बात दोहराने के लिए कहना
- तेज आवाज में टीवीं या रेडियो सुनना

- तेज आवाज में बोलना
- फोन या मोबाइल घंटी, कॉलबेल या पंखे की आवाज सुनाई न देना।

ऊंचा सुनने के कारण

- उम्र बढ़ना
- ज्यादा दवाओं का सेवन
- गलत दवाओं का सेवन
- आनुवांशिक
- मोबाइल का ज्यादा उपयोग
- कान संक्रमण
- कुछ बिमारियों के कारण
- कान में किसी अवांछित चीज का डालना

16. Speech and Language Disability: वाक् एवं भाषा दिव्यांगता

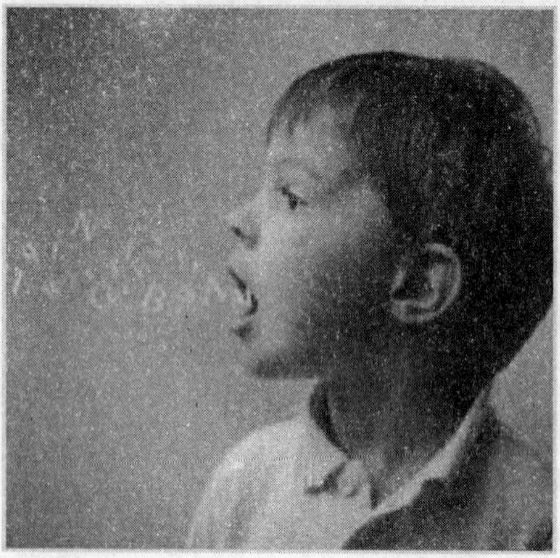

"वाक् और भाषा दिव्यांगता से लेराइजेक्टोमी या अफेलिया जैसी स्थितियों से उद्भूत स्थायी दिव्यांगता अभिप्रत है जो कार्बनिक या तंत्रिका सम्बन्धी कारणों के कारण वाक् और भाषा के एक या अधिक संघटकों को प्रभावित करती है।"

–दिव्यांगजन अधिकार अधिनियम, 2016

अपनी सामान्य वृद्धि और बढ़ती उम्र के साथ बच्चे वाक् और भाषा के कौशल हासिल करते हैं। लेकिन कुछ बच्चों में बोलने की समस्या हो सकती हैं। उनकी वाक् शक्ति में गड़बड़ी हो सकती है।

वाक् विकार एक ऐसी स्थिति है जिसके तहत बच्चे को बोलने में हर तरह की दिक्कत आती है। संचार के लिए जरूरी उच्चारण, आवाज, प्रवाह और वाक् ध्वनियां निर्मित करने और उनका इस्तेमाल करने में समस्या रहती है हालांकि वो शब्दों को अच्छी तरह समझता है और भाषा जानते हैं।

वाक् विकार भाषा के विकार से अलग है। वाक् विकार वाले बच्चों को शब्दों की ध्वनियाँ बोलने में दिक्कत आती है। भाषा विकार ऐसी स्थिति है जहाँ बच्चों को दूसरों के साथ संवाद करने में मुश्किल आती है। (अभिव्यक्ति की भाषा का विकार) या दूसरे क्या कह रहे हैं उसे समझने में समस्या आती है (ग्रहणात्मक भाषा विकार)।

वाक् एवं भाषा दिव्यांगता के प्रकार

वाक् एवं भाषा दिव्यांगता के निम्न प्रकार है।

1. वाणी दोष
2. भाषा दोष
3. अन्य भाषा विकास दोष
4. उच्चारण सम्बन्धी
5. ध्वनि सम्बन्धी दोष एप्रेक्सिया दोष
6. रूपात्मक दोष डिस्फेशिया
7. वाणी सम्बन्धी दोष
8. शब्दार्थ दोष
9. वाक् प्रवाह सम्बन्धी दोष
10. वाक्यात्मक कमी
11. कण्ठ सम्बन्धी दोष
12. व्यावहारिक कठिनाइयां

1. **वाणी दोषः**—वाणी दोष को मुख्यतः पाँच भागों में विभाजित किया है। जो निम्न प्रकार से है।
2. **उच्चारण सम्बधी दोषः**—उच्चारण सम्बन्धी दोष में SODA आते है।
    1. **प्रतिस्थापना (Substitution)**:—इसमें बच्चा एक वर्ण की जगह दूसरा वर्ण बोल देता है। खेल के स्थान पर रेल, कुत्ता के जगह पर तुच्चा रेबिट की जगह बोलता है। वैबिट यह शब्द के शुरू या शब्द के अन्त में बदलाव दिखता है।
    2. **छोड़ना (Omission)**:—इस दोष में बच्चे शुरू या अन्त के अक्षर बोलना छोड़ देते है। जैसा की नाम से ही पता चल रहा है। उदाहरण स्पून के जगह पून कहते है।
    3. **अशुद्ध बोलना (Distartion)**:—जैसा की नाम से ही प्रतीक होता अशुद्ध बोलना इसमें बच्चा आवाज निकालने की कोशिश करता है। लेकिन बोले गई ध्वनि स्पष्ट नहीं होते है। जैसे बच्चा सूरज कहने की कोशिश करता है। सूजर कहकर खत्म हो जाता है।

4. **जोड़ना (Addition)**:–जब बच्चा कोई शब्द उच्चारण करता है। तो उस शब्द के आगे दूसरी ध्वनि जोड़ देता है। उदाहरण:–घोड़ों को घोड़े, कलम को कलमा, स्कूल को इस्कूल कहता है।

3. **वाणी सम्बन्धी दोष**:–वाणी सम्बन्धी दोष में (1) तारत्व (Pitch) (2) गुण (Quality) (3) उच्चता (Loudness) में कमी होने से होता है।

4. **वाक् प्रवाह सम्बन्धी दोष**:–बोलते समय व्यक्ति को कितनी तेज या धीमें, बिना रूके का आसानी से बोलता है। तो यह दोष नहीं है। अगर बच्चा रूक–रूक कर या फिर बार–बार एक ही शब्द को दोहराता है। तो वाक् प्रवाह सम्बन्धी दोष होता है।

5. **कण्ड सम्बन्धी दोष**:–इसमें निम्नलिखित दोष पाए जाते है।
   1. स्वरमान सम्बन्धी दोष
   2. ऊँचे स्वर का दोष
   3. नकियाना
   4. श्वास भरकर बोलना
   5. रूखी आवाज
   6. स्वरभ्रम
   7. हकलाना

6. **भाषा दोष**:–भाषा दोष मुख्यतः पाँच प्रकार के होते है।
   1. **स्वर ध्वनि सम्बन्धी दोष (Phonological Disorder)**:–स्वर संबंधी विकार एक प्रकार का स्पीच साउंड दोष है। वाणी ध्वनि विकार शब्दों की ध्वनियों को सही ढंग से बनाने में असमर्थता है। बच्चे के उम्र के ध्वनियों या स्वर का उपयोग नहीं करते है। यह विकार लड़कों में अधिक पाया जाता है।
   2. **रूपात्मक सम्बन्धी दोष (Morphologocal Disorder)**:– रूपात्मक विभक्तियों के साथ संज्ञा क्रिया और विशेषण पर विभिक्तयाँ जो विभिन्न प्रकार के अर्थो का संकेत देती है। उनमें कठिनाइया होती है।
   3. **शब्दार्थ दोष (Syntactic Deficits)**:–शब्दार्थ दोष में विशेषता शब्दावली विकास खराब होता है। शब्द अर्थो का अनुचित उपयोग, शब्द के अर्थो को समझने में कठिनाइयां होती है।

4. **वाक्यात्मक कमी (Pragnatic Difficulties)**:–शब्दों का उच्चारण करने वाक्यों का निर्माण करने में सामान्य बातचीत करने में कठिनाई होती है।
5. **व्यवहारिक कठिनाइयां (Pragmatic Difficulties)**:–इसे सिमेंटिक व्यवहारिक विकार भी कहा जा सकता है। इसमें बच्चे आँख मिलाकर बात करने व्यक्तिगत सम्मान की जानकारी भाषा को समझने एवं उसका उपयोग करने में कठिनाई होती है।

7. **अन्य भाषा विकार**:–अन्य भाषा विकार में निम्नलिखित दोष शामिल है।

1. **एप्रेक्सिया (Aphasia)**:–यह एक संचार विकार है। जो मस्तिष्क के भाषा भागों को नुकसान या चोट के परिणामस्वरूप होता है। यह वयस्कों में ज्यादातर पाया जाता है। खासकर उन लोगों को स्ट्रोक हुआ है। इसमें जीभ ओष्ट या जबड़े के ऐच्छिक घुमाव में मुश्किलें आती है। बच्चा जब बोलना चाहता है। तब मुँह की पेशिया उसका साथ नहीं दे पाती है।
2. **डिस्फेशिया (Dysphasia)**:–डिस्फेशिया में मस्तिष्क के क्षेत्र बोलने वाली भाषा में विचारों को बदलने के लिए जिम्मेदार होते है। और ये क्षेत्र क्षतिग्रस्त होते है। ये क्षेत्र ठीक से काम नहीं करता है। इसमें लकवा या फिर मुँह की पेशियाँ की सामान्यताः कमजोरी के कारण बच्चा जब बोलता है। तब लड़खड़ाती धीमी, नाक से आवाज निकलती है।

वाक् और भाषा दिव्यांगता के लक्षण

- परिवार का कोई सदस्य गूंगा है या बोलने में कठिनाई होती है।
- सामान्य बोली से अलग बोलता है (जिसे कि परिवार के सदस्यों के अलावा अन्य लोग नहीं समझ पाते हैं)
- स्पष्ट नहीं बोल पाता है
- बोली/भाषा में निरंतरता नहीं होती है
- यह स्थाई निःशक्तता है इसमें समझने वाली भाषा तो ठीक होती है, परंतु अभिव्यक्त भाषा में कठिनाई होती है।

वाक् और भाषा दिव्यांगता के कारण

ज्यादातर बच्चों में वाक् विकार की वजह अज्ञात है। शोध के मुताबिक बोलने के लिए जरूरी पेशियों की हरकत के साथ दिमाग तालमेल बनाने में असमर्थ रहता है और इसी से बोलने में समस्या आती है। यानि वाक् शक्ति का विकार होता है जिसे हम यहाँ वाक् विकार भी कह रहे हैं। वाक् विकार अन्य वजहों से भी हो सकता है जैसे फटा हुआ तालू, बहरापन या दिमागी लकवा।

उपचार

वाणी एवं भाषा सम्बन्धी समस्या की पहचान करके बच्चे को वाणी विशेषज्ञ को दिखाना चाहिए, वाक् चिकित्सा दी जा सकती है। अगर बच्चे को श्रवण सम्बन्धी समस्या है, तो उसका इलाज कराना चाहिए। बच्चों के साथ बातचीत करते रहे और बातचीत के दौरान अभिप्रेरणा पुरस्कार का प्रयोग कर ले।

17. Multiple Sclerosis: मल्टीपल स्कलेरोसिस

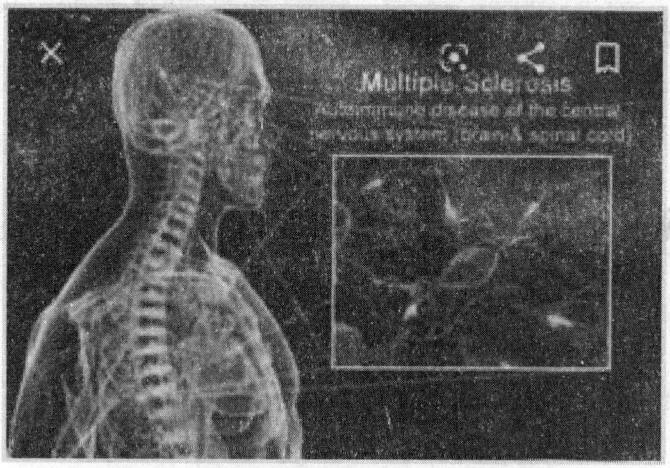

"बहु–स्कोलरोसिस से प्रवाहक तंत्रिका प्रणाली रोग अभिप्रेत है जिसमें मस्तिष्क की तंत्रिका कोशिकाओं के अक्ष तंतुओं के चारों और रीढ़ की हड्डी की मायलिन शीट क्षति ग्रस्त हो जाती है जिससे डिमायिलेशन होता है और मस्तिष्क में तंत्रिका कोशिकाओं और रीढ़ की हड्डी की कोशिकाओं की एक दूसरे के साथ संपर्क करने की क्षमता प्रभावित होती है।"

–दिव्यांगजन अधिकार अधिनियम, 2016

मल्टीपल स्केलेरोसिस दिमाग की तंत्रिकाओं की रोग प्रतिरोधक क्षमता सामान्य करने वाले सेल्स के क्षतिग्रस्त हो जाने की वजह से होती है। यह एक ऑटोइम्यून बीमारी है जिसमें एंटीबॉडी मस्तिष्क, रीढ़ की हड्डी और आंखों के नसों पर प्रभाव डालती है। यह आमतौर पर 10 से 16 साल के आयु वर्ग के लोगों को प्रभावित करता है। हालांकि, 20 और 30 की महिलाओं को इसका बहुत अधिक खतरा होता है। पुरूषों की तुलना में, एमएस महिलाओं में अधिक आम है और यह लोगों को 60 वर्ष की आयु तक प्रभावित कर सकता है।

बहु–स्कलेरोसिस के लक्षण

- एक या अधिक अंगों में कमजोरी या सुन्न होना जो आमतौर पर एक समय में शरीर के एक तरफ होती है।

- दृष्टि का आंशिक या पूर्ण नुकसान, आमतौर पर एक समय में एक आंख में, अक्सर आंखों की गतिविधि के दौरान दर्द होना।
- एक से अधिक दिखना या दृष्टि में धुंधलापन।
- शरीर के हिस्सों में झुनझुनी या दर्द।
- कुछ गर्दन की गतिविधियों के दौरान बिजली के झटके जैसी सनसनी, विशेष रूप से गर्दन को आगे झुकाते समय।
- कंपन, समन्वय की कमी या अस्थिर चाल, अस्पष्ट बोलना, थकान, चक्कर आना।
- आंत्र और मूत्राशय की समस्याएं।

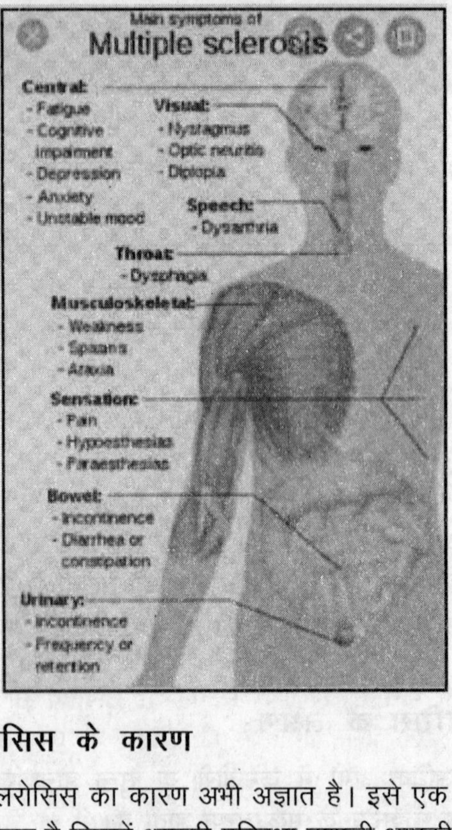

बहु–स्कलेरोसिस के कारण

मल्टीपल स्कोलरोसिस का कारण अभी अज्ञात है। इसे एक स्व–प्रतिरक्षित बीमारी माना जाता है जिसमें आपकी प्रतिरक्षा प्रणाली आपकी तंत्रिकाओं को

आवरण प्रदान करने वाले सुरक्षात्मक खोल को नुकसान पहुंचाती है। माइलिन की तुलना बिजली की तारों की सुरक्षात्मक परत से की जा सकती है। जब माइलिन को नुकसान पहुंचता है और तंत्रिका खुल जाती है तो उस तंत्रिका में आने जाने वाले संदेश धीमे या अवरूद्ध हो सकते हैं। तंत्रिका को भी नुकसान हो सकता है। यह स्पष्ट नहीं है कि कुछ लोगों को मल्टीपल स्केलेरोसिस क्यों विकसित होता है और दूसरों को नहीं। अनुवांशिकता और पर्यावरणीय कारक इसके जिम्मेदार हो सकते हैं।

- **आनुवंशिकी**–गुणसूत्र 6 का HLA क्षेत्र, इस क्षेत्र में परिवर्तन एमएस से प्रभावित होने की संभावना में वृद्धि करता है। एमएस को एक आनुवंशिक बीमारी नहीं माना जाता है। हालांकि, बीमारी को विकसित करने के जोखिम को बढ़ाने के लिए अनेक आनुवंशिक विभिन्नताएं दर्शाई गई हैं। सामान्य आबादी की अपेक्षा इस बीमारी से प्रभावित व्यक्तियों के संबंधियों, विशेष रूप से सहोदरों, माता–पिता और बच्चों में, एमएस होने का जोखिम बहुत अधिक होता है बीमारी की कुल पारिवारिक पुनरावृत्ति दर 20% है। एकांडी यमज की स्थिति में, केवल 35% मामलों में ही सामंजस्य उत्पन्न होता है, जबकि सहादरों की स्थिति में यह घटकर 5 तक हो जाता है और अर्द्ध सहोदरों में इससे भी कम हो जाता है। यह इंगित करता है कि अतिसंवेदनशीलता आंशिक रूप से बहुजनानता द्वारा प्रेरित होता है।
- **पर्यावरण संबंधी कारक**–एमएस के लिए सक्रामक और गैर–संक्रामक दोनों मूलों वाले विभिन्न पर्यावरण संबंधी जोखिम वाले कारकों को प्रस्तावित किया गया है। हालांकि कुछ आंशिक रूप से परिवर्तनीय हैं, सिर्फ भविष्य में होने वाले अनुसंधान–विशेष रूप से नैदानिक परीक्षण यह बताएंगे कि उनके उन्मूलन से एमएस में मदद मिल सकता है या नहीं। विषुवत रेखा से दूर रहने वाले लोगों में एमएस बहुत आम बात है, हालांकि इसके कई अपवाद मौजूद हैं। धूप के संपर्क में होने वाली कमी को भी एमएस के एक उच्च जोखिम के साथ जोड़ा गया है। विटामिन डी के उत्पादन और खपत में कमी धूप के संपर्क में कम समय रहने वाले लोगों के उच्च जोखिम की व्याख्या करने का मुख्य जैविक तंत्र रहा है।

- **संक्रमण**–आनुवंशिक अतिसंवेदनशीलता एमएस की घटना के कुछ भौगोलिक और महामारी विज्ञान संबंधी विभिन्नताओं जैसे कि कुछ परिवारों में बीमारी की बहुत अधिक घटना और आनुवंशिक दूरी के साथ कमी के जोखिम की व्याख्या कर सकता है, लेकिन यह ऐसी घटना, जैसे कि आरंभिक उम्र में प्रवास के साथ होने वाले जोखिम में परिवर्तन के लिए उत्तरदायी नहीं होता है।

Multiple Sclerosis

मल्टीपल स्केलेरोसिस के मुख्यता चार प्रकार के होते है। जैसे–जैसे गम्भीरता बढ़ती जाती है। शरीर पर रोग का प्रभाव करने के अनुसार इसको विभाजित किया गया है।

1. **Relapring-Remitting Multiptle Sclerosis (RRMS) (रिलैपिंग–रिमूविंग मल्टीपल स्केलेरोसिस)**:–यह MS का सबसे आम रूप है। MS से पीड़ित लगभग 85% लोगों को शुरू में RRMS का निदान किया जाता है। RRMS का साथ लोगों को अस्थायी अवधी तक रहता है।
2. **Secondary-Progressivs (SPMS) (माध्यमिक प्रगतिशील एम एस)**:–माध्यमिक प्रगतिशील में लक्षण समय–समय पर और बिना किसी समस्या के और अधिक खराब हो जाते है। जिन व्यक्तियों का RRMS निदान किया जाता है। वे SPMS के संक्रमण करते है।
3. **Primary-Progressive MS (PPMS) (प्राथमिक प्रगतिशील एम एस)**:–इस प्रकार के एम एस बहुत आम नहीं है। ऐ 10% MS लोगों में होता है। पीवीएमएस की शुरूआत से धीरे–धीरे बिगड़ते लक्षणों की विशेषता है। जिसमें कोई रिलेप्स या रिमिशन नहीं है।
4. **Prograssive-Relapsing MS (PRMS) (प्रगतिशील रिलेपिंग एम एस)**:–MS 5% का एक दुर्लभ रूप PRMS की शुरूआत से ही लगातार खराब होती जा रही बीमारी की स्थिति की विशेषता है। जिसमें कोई सुधार एवं रिकवरी नहीं होता है।

मल्टीपल स्केलेरोसिस के उपचार

(Multiple Sclerosis Treatment)

मल्टीपल स्केलेरोसिस के बारे में पता चलते ही तुरन्त उपचार शुरू करने के लिए डाक्टर से कहना चाहिए आज विभिन्न उपचार उपलब्ध हैं जैसे इंजेक्शन का उपयोग करते है या इंट्रामस्क्युलर मुंह से दिया जाता है। Glatiramer एसीटेट, फिंगोलिमोड Teriflunomide, डिमेथाइल क्यूमरेट, मिटोक्सेंट्रोन नेटलीजुमान कुछ औषधि एवं इंजेक्शन हैं। जो MS को ठीक करने के लिए किया जाता है।

18. Parkinson Disease: पार्किंसन रोग

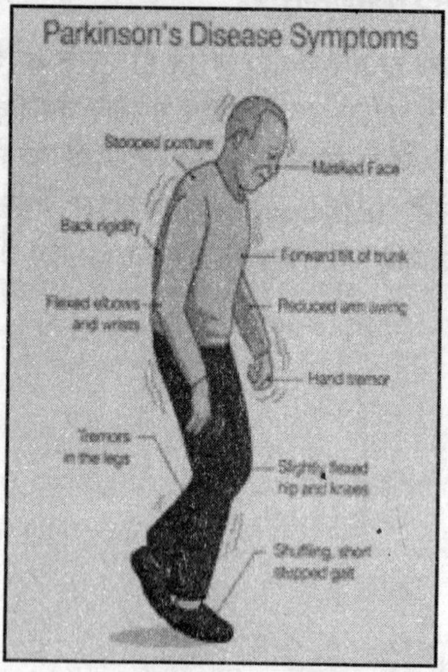

"पार्किंसन रोग से कोई तंत्रिका प्रणाली का परगामी रोग अभिप्रेत है, जो कम्प, पेशी कठोरता और धीमा, कठिन संचलन द्वारा चिन्हांकित होता है जो मुख्यता मस्तिष्क के आधारीय गांडिका के अधपतन तथा तंत्रिका संचालन डोपामाई के हास से सम्बन्ध मध्य आयु और वृद्ध व्यक्तियों को प्रभावित करता है।"

–दिव्यांगजन अधिकार अधिनियम, 2016

पार्किंसन रोग केन्द्रीय तंत्रिका तंत्र का एक रोग है जिसमें रोगी के शरीर के अंग कंपन करते रहते हैं। पार्किंसन रोग का आरम्भ आहिस्ता–आहिस्ता होता है। पता भी नहीं पड़ता कि कब लक्षण शुरू हुए। अनेक सप्ताहों व महीनों के बाद जब लक्षणों की तीव्रता बढ़ जाती है तब अहसास होता है कि कुछ गड़बड़ है। डॉक्टर जब हिस्ट्री (इतिवृत्त) कुरेदते हैं तब मरीज व घरवाले पीछे मुड़ कर देखते हैं याद करते हैं और स्वीकारते हैं कि हाँ सचमुच ये कुछ लक्षण, कम तीव्रता के साथ पहले से मौजूद थे। लेकिन तारीख बताना सम्भव नहीं होता।

पार्किसंस रोग के प्रकार
(Types of Parkinson Disease)

पार्किसंस रोग मस्तिष्क संबधी बीमारियों का एक समूह है। इसके निम्नलिखित है।

1. **प्राथमिक पार्किसनिज्मः**—अधिकांश रोगियों (लगभग 80—85 प्रतिशत) पार्किसंस रोग का निदान किया है। जिसे प्राथमिक पार्किसनिज्म या अज्ञात हेतुक पार्किसंस रोग कहा जाता है। (जिसका अर्थ है, कि बीमारी का कोई ज्ञात कारण नहीं है।) यह प्रकार मस्तिष्क में डोपामाइन अणुओं को बढ़ाने या प्रतिस्थापित करने काम करने वाली दवाओं के लिए अच्छी तरह से प्रतिक्रिया करता है।
2. **द्वितीयक पार्किसनिज्म (पार्किसोनियन सिंड्रोम या एटिपिकल पार्किसनिज्म)ः**—शेष प्रकार के पार्किसंस को द्वितीयक या एभिकल पार्किसनिज्म या पार्किसंस प्लस कहा जाता है। इन मामलों में रोग के कारण आम तौर पर जाना जाता है और हालांकि यह बहुत मुश्किल है। प्राथमिक पार्किसंस रोग और द्वितीयक पार्किसंस रोग में अंतर यह है कि द्वितीयक पार्किसंस रोगियों को डोपाविनर्जिक दवाओं के लिए अच्छी तरह से प्रतिक्रिया नहीं है। द्वितीयक पार्किसनिज्म में निम्नलिखित पार्किसेनिज्म रोग शामिल है।
   1. ड्रग प्रेरित पार्किसज्मि
   2. सवहनी पार्किसनिज्म
   3. सामान्य दबाव हाइड्रोसिफलस (NSA)
   4. कॉर्टिकोबासल डिजनरेशन (CBD)
   5. प्रगतिशील सुपरन्यूक्लियर पल्सी (PSP)
   6. एकाधिक सिस्टम शोष (MSA)

   1. **ड्रग से प्रेरित पार्किसनिज्मः**—कुछ दवाएं, जैसे कि एटीसाइकोटिक पार्किसंस रोग के लक्षणों को विकसित करने वाले रोगी आते है। ड्रग—प्रेरित पार्किसनिज्म पार्किसंस रोग से अलग करना मुश्किल हो सकता है। लेकिन दवा का उपयोग बंद होने के बाद के हफ्तों या महीनों में आमतौर पर झटके और पस्टिुरल अस्थिरता के लक्षणों में सुधार होगा।

2. **सवहनी पार्किसनिज्मः**—इसे सेरेब्रोवास्कुलर रोग भी कहा जाता है। इस प्रकार का पार्किसनिज्म छोटे स्ट्रोक की एक श्रृंखला के कारण होता है। जिसके परिणाम स्वरूप मस्तिष्क के कुछ हिस्सों की मृत्यु हो जाती है। जिससे पार्किसंस रोग जैसे लक्षण दिखाई देते हैं। स्थिति अक्सर शरीर के निचले आधे हिस्से में लक्षण दिखाती है। जैसे चलने में कठिनाई, मूत्र असंयम, स्मृति हानि यह विशिष्ट पार्किसंस रोग की दवा के प्रति कम संवेदनशील है। खासकर जब यह आगे बढ़ता है। संवहनी पार्किसनिज्म उम्र के साथ आम हो जाता है। खासकर मधुमेह वाले लोगों में
3. **सामान्य दबाव हाइड्रोसिफलस (NSA)**:—NSA के लक्षण संवहनी पार्किसनिज्म में देखे जाने वाले लोगों के समान हैं। इस स्थिति का इलाज अल्पविधि में रीढ़ की हड्डी के तरल पदार्थ को हटाने या लम्बे समय तक उपचार के रूप में रीढ़ की हड्डी के तरल पदार्थ को स्थायी रूप से मोड़ने के लिए किया जा सकता है।
4. **कोर्टिकोबेसल डिजनरेशन (CBD)**:—यह ताऊ नामक प्रोटीन के निर्माण के कारण होता है। जो मस्तिष्क के कुछ हिस्सों को नुकसान पहुचाता है। इस स्थिति शरीर के एक तरफ से शुरू होती है। और धीरे–धीरे अन्य क्षेत्रों में फैल जाती है।
5. **प्रगतिशील सुपरन्यूक्लियर पाल्सी (PSP)**:—इसकी शुरूआत देर से उम्र में होती है। लेकिन लक्षण दिखाई देने के बाद तेजी से आगे बढ़ते हैं।
6. **एकाधिक सिस्टम शोध (MSA)**:—यह अल्फा सिन्यूक्लिन नामक प्रोटीन के अतिप्रवाह के कारण होता है। जिसके कारण मस्तिष्क के कई क्षेत्रों में क्षति होती है।

पार्किंसन रोग के लक्षण

- **कंपन**—कंपकपाना या हिलना आमतौर पर आपके हाथ या उंगलियों से शुरू होता है। इसके कारण आपका अंगूठा और तर्जनी उंगली के एक–दूसरे से रगड़ने शुरू हो सकते हैं, जिसे "पिल–रोलिंग ट्रेमर"

(Pill-Rolling Tremor) कहते हैं। पार्किंसन रोग का एक लक्षण है आराम की स्थिति में आपके हाथ में होने वाली कंपकपी है।

- **धीमी गतिविधि (ब्रैडीकीनेसिया)**–समय के साथ, यह बीमारी आपके हिलने–डुलने और काम करने की क्षमता को कम कर सकती है, जिसके कारण एक आसान कार्य को करने में भी कठिनाई होती है और समय अधिक लगता है। चलते समय आपकी गति धीमी हो सकती है या खड़े होने में कठिनाई हो सकती है। इसके अलावा आप पैरों को घसीट कर चलने की कोशिश करते हैं जिससे चलना मुश्किल हो जाता है।
- **कठोर मांसपेशियां**–आपके शरीर के किसी भी हिस्से में मांसपेशियों में अकड़न हो सकती है। कठोर मांसपेशियां आपकी गति को सीमित कर सकती हैं और दर्द का भी कारण बन सकती हैं।
- **बिगड़ी हुई मुद्रा और असंतुलन**–पार्किंसन बीमारी में, अचेतन (Unconscious) कार्य करने की क्षमता में कमी आ सकती है, जिनमें पलकें झपकाना, मुस्कुराना या हाथों को हिलाते हुए चलना शामिल हैं। बात करते समय आपके चेहरे पर ज्यादा समय के लिए हाव भाव नहीं रह सकते।
- **आवाज में परिवर्तन**–पार्किंसन रोग के परिणामस्वरूप उच्चारण सम्बन्धी समस्याएं हो सकती हैं। आपका स्वर धीमा, तीव्र और अस्पष्ट हो सकता है या आपको बात करने से पहले हिचकिचाहट हो सकती है। सामान्य संक्रमण की तुलना में आपकी आवाज और ज्यादा खराब हो जाती है। स्वर और भाषा के चिकित्सक आपकी उच्चारण समस्याओं का निवारण करने में मदद कर सकते हैं।
- **लिखावट में परिवर्तन**–लिखावट छोटी हो सकती है और लिखने में तकलीफ हो सकती है।

पार्किंसन रोग के कारण

पार्किंसन रोग में मस्तिष्क में उपस्थित कुछ तंत्रिका कोशिकाएं (न्यूरॉन्स) धीरे–धीरे खराब हो जाती हैं या नष्ट हो जाती हैं।

- न्यूरॉन्स हमारे मस्तिष्क में डोपामाइन नामक रसायन उत्पन्न करते हैं।
- न्यूरॉन्स के नष्ट होने के कारण कई लक्षण उत्पन्न होते हैं। डोपामाइन के स्तर में आने वाली कमी असामान्य मस्तिष्क गतिविधि का कारण बनती है, जिसके परिणामस्वरूप पार्किंसन रोग के संकेत मिलते हैं।
- पार्किंसन रोग का कारण अज्ञात है, लेकिन इसके होने के कई कारक हो सकते हैं, जो निम्न हैं–
  - **आपके जीन (Genes)** शोधकर्ताओं ने विशिष्ट जेनेटिक उत्परिवर्तनों (Genetic Mutations) की पहचान की है, जो पार्किंसन बीमारी का कारण बन सकते हैं। लेकिन, ये पार्किंसन रोग से प्रभावित परिवार के सदस्यों वाले दुर्लभ मामलों के अलावा असामान्य होते हैं।
  - **पर्यावरण से संबंधित कारण**–कुछ विषाक्त पदार्थों या पर्यावरणीय कारकों का प्रभाव अंतिम चरण के पार्किंसन रोग के जोखिम को बढ़ा सकता है, लेकिन कुल मिलाकर इनसे पार्किंसंस रोग जोखिम कम ही होता है।

    संक्षेप में, पार्किंसन बीमारी के लिए उत्तरदायी कारकों की पहचान करने के लिए अभी और अधिक शोध किये जाने की आवश्यकता है।

पार्किंसन रोग के जोखिम कारकों में निम्न शामिल हैं–

  - **बढ़ती आयु**–पार्किंसन रोग युवाओं में बहुत ही कम पाया जाता है। यह आमतौर पर जीवन के मध्य या आखिरी पड़ाव में शुरू होता है और उम्र के साथ जोखिम बढ़ता रहता है। यह बीमारी सामान्य तौर पर 60 वर्ष या उससे अधिक आयु वाले लोगों में विकसित होती है।
  - **आनुवंशिकता**–आपके किसी करीबी रिश्तेदार के पार्किंसन रोग से ग्रसित होने के कारण आपको यह रोग होने की संभावना बढ़ जाती है। हालांकि, जब तक आपके परिवार में कई सदस्यों को यह बीमारी नहीं होती है, तब तक आपका जोखिम कम है।

- **पुरुषों को जोखिम अधिक**—महिलाओं की तुलना में पुरूषों में पार्किंसन रोग विकसित होने की अधिक संभावना है।
- **विषाक्त पदार्थों के संपर्क में आना**—वनस्पतिनाशकों (Herbicides) और कीटनाशकों के निरंतर संपर्क में आने से आपके पार्किंसन रोग से ग्रसित होने का खतरा थोड़ा ज्यादा बढ़ सकता है।

पार्किसंस रोग के उपचार

पार्किसंस रोग को ठीक नहीं किया जा सकता। लेकिन औषधि के सेवन से लक्षणों को नियंत्रित किया जा सकता है। कुछ मामलों में सर्जरी भी किया जा सकता है। दैनिक दिनचर्या में बदलाव करना पड़ता है। जैसे एरोबिक व्यायाम, भौतिक चिकित्सा करना पड़ता है। पौष्टिक भोजन, तरल पदार्थ पीना, ओमेगा–3 फैंटी एसिड जो पार्किसंस रोग के लिए फायदेमंद होती है। मालिश, योग, ध्यान केंद्रित करना अलेक्जेंडर तकनीक, ताई ची चीनी व्यायाम, पालतू पशु चिकित्सा इत्यादि कर सकते है।

19. Hemophilia: अधि रक्तस्राव

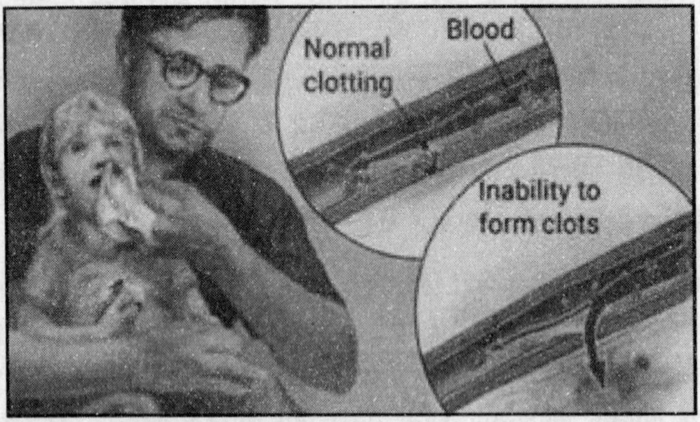

"हेमोफिलिया से एक आनुवंशिक रोग अभिप्रेत है जो प्रायः पुरूषों को ही प्रभावित करता है किन्तु इसे महिला द्वारा अपने नर बालकों को संचारित किया जाता है, इसकी विशेषता रक्त के थक्का जमने की साधारण क्षमता का नुकसान होना है जिससे छोटे से घाव का परिणाम भी घातक रक्तस्राव हो सकता है।"

–दिव्यांगजन अधिकार अधिनियम, 2016

हेमोफीलिया बीमारी दो तरह की होती है हेमोफीलिया ए और हेमोफीलिया बी। यह एक अनुवांशिक बीमारी होती है। इस बीमारी में शरीर में रक्त के थक्के बनने की प्रक्रिया धीमी हो जाती है, जिसके कारण, चोट लगने पर रक्त जम नहीं पाता और वह असामान्य रूप से बहता रहता है। इस बीमारी पर तब तक लोगों का ध्यान नहीं जाता, जब तक कि उन्हें किसी कारण से गंभीर चोट न लगे और उनमें रक्त का बहना न रूकें।

होमिफिलिया के प्रकार
(Types of Hemophilia)

1. हीमोफिलिया ए Hemophilia-A
2. हीमोफिलिया बी Hemophilia-B
3. हीमाफिलिया सी Hemophilia-C

हीमोफिलिया–A और हीमोफिलिया बी अनुवंशिक कारणों से होता है। ये दोनों जातियों और जातीय समूहों को समान रूप से प्रभावित करते है। यह

दोनों प्रकार हीमोफिलिया के सबसे आम प्रकार है। हीमोफिलिया A 5000 पुरूष जन्मों में से एक में होता है। प्रतिवर्ष लगभग 400 बच्चे हीमोफिलिया A से ग्रसित जन्म लेते है।

हीमोफिलिया–B 25,000 पुरूष जन्मों में से एक लगभग एक वर्ष में 3300 लोग प्रभावित होते है।

हीमोफिलिया–C जिसे रोसेन्थल सिंड्रोम के नाम से भी जाना जाता है। हीमोफिलिया C बाकी दोनों प्रकारों से अलग होता है। रक्तस्त्राव की प्रवृति होती है।

हेमोफिलिया के लक्षण

- खून शरीर के अंदर या शरीर के बाहर बह सकता है
- किसी भी प्रकार का घाव, कट, जानवर द्वारा काटने या दांत से खून निकलने के कारण शरीर से अत्यधिक खून बह सकता है।
- स्वाभाविक रूप से नाक से खून बहना (नकसीर) भी हेमोफीलिया रोग की एक आम स्थिति है।
- अगर एक बार खून बहना बंद हो भी जाए तो उसके बाद भी लम्बे समय तक या लगातार खून बह सकता है।
- शरीर के अंदर अधिक खून बहने के संकेतों में पेशाब या मल में खून आना और त्वचा में बड़े–बड़े व गहरे नीले रंग के निशान पड़ना आदि शामिल है।
- रक्तस्राव कोहनी तथा घुटनों के भीतर भी हो सकता है जिससे उनमें सूजन आ जाती है और उन्हें छूने पर वे गर्म महसूस होते हैं व साथ ही साथ उनकों हिलाने पर दर्द महसूस होता है।
- हेमोफीलिया रोगी के दिमाग में अंदरूनी रक्तस्राव होने के कारण सिर पर सूजन आ सकती है।

अचानक खून बहना शुरू होने के कारण निम्नलिखित परेशानियां हो सकती हैं–

- मल में खून आना
- गहरे नीले घाव पड़ना
- बिना चोट लगे ही बड़े–बड़े नील पड़ जाना
- बहुत ज्यादा रक्तस्राव होना

- मसूड़ों से खून निकलना
- जोड़ों में दर्द होना
- बच्चों में चिड़चिड़ापन

हेमोफिलिया के कारण

यह बीमारी बच्चों को अपने माता–पिता से विरासत में मिलती है। जब दोषपूण जीन, बच्चों के अंदर आता है तो बच्चा, इस बीमारी का शिकार हो जाता है। लेकिन कभी–कभी शिशु के जन्म से पहले यदि जीन में कोई बदलाव आ जाये तो भी वह बच्चा इस का शिकार हो जाता है। इस प्रक्रिया को म्यूटेशन कहा जाता है। ऐसा बहुत दुर्लभ मामलों में ही होता है। इस प्रकार के हेमोफीलिया को अक्वायर्ड हेमोफिलिया कहते हैं। यदि गर्भवती महिला कैंसर की शिकार हो या उसने कुछ ऐसी दवाइयों का सेवन किया हो तो उससे पैदा होने वाले शिशु को इस प्रकार का हीमोफिलिया हो सकता है।

जब आपके शरीर से रक्तस्राव होता है, तब आपका शरीर रक्त कोशिकाओं को एकत्रित करके एक क्लॉट बना लेता है जिससे रक्तस्राव रूक जाता है। ब्लड क्लॉटिंग फैक्टर्स के कारण ये क्लॉटिंग प्रक्रिया शुरू होती है। इनमें से किसी क्लॉटिंग फैक्टर की कमी होने के कारण हेमोफीलिया होता है। हेमोफीलिया कई प्रकार का होता है जिनमें से ज्यादातर प्रकार के हेमोफीलिया माता–पिता से बच्चों में आते हैं। हालांकि 30% हेमोफीलिया से पीड़ित लोगों के परिवार में किसी को हेमोफीलिया नहीं होता है। इन लोगों के हेमोफीलिया से जुड़े जींस (Genes) में कुछ ऐसे परिवर्तत आ जाते हैं जिनमें बारे में सोचा न हो, इन्हें "स्पॉनटेनियस म्युटेशन" (Spontaneous Mutation) कहते हैं।

"अक्वायर्ड हेमोफीलिया" (Acquired Hemophilia) एक बहुत ही कम होने वाला रोग है। ये तब होता है जब किसी व्यक्ति की रोग प्रतिरोधक शक्ति खून में क्लॉटिंग फैक्टर्स बनने नहीं देती। ये निम्नलिखित चीजों के साथ जुड़ी हो सकती है–

- गर्भावस्था
- स्वप्रतिरक्षित रोग (Autoimmune Conditions)
- कैंसर
- मल्टिपल स्क्लेरोसिस (Multiple Sclerosis)

हीमोफिलिया के उपचार

पिछले कुछ दशकों में हीमोफिलिया के उपचार में काफी प्रगति हुई है। अब हीमोफिलिया से पीड़ित बच्चे सामान्य जीवन यापन कर सकते है। यदि बच्चे को हीमोफिलिया ए के हल्के कारक है। तो डेस्मोप्रेसिन (डीडीएवीपी) या तो इंजेक्शन के रूप में दे सकते। डाक्टर के सलाह बिना दवा का सेवन नहीं करनी चाहिए।

20. Thalassemia: थैलेसीमिया

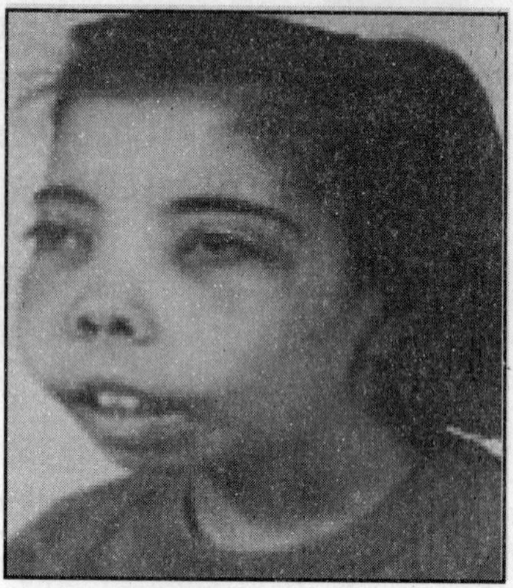

"थैलेसीमिया से वंशानुगत विकृतियों का एक समूह अभिप्रेत है जिसकी विशेषता हीमोग्लोबिन की कमी या अभाव है।"

–दिव्यांगजन अधिकार अधिनियम, 2016

थैलेसीमिया यह एक अनुवांशिक रक्त रोग हैं। इस रोग के कारण रक्त/हीमोग्लोबिन निर्माण के कार्य में गड़बड़ी होने के कारण रोगी व्यक्ति को बार–बार रक्त चढ़ाना पड़ता हैं। भारत में हर वर्ष 7 से 10 हजार बच्चे थैलेसीमिया से पीड़ित होते हैं। यह रोग न केवल रोगी के लिए कष्टदायक होता है बल्कि सम्पूर्ण परिवार के लिए कष्टों का सिलसिला लिए रहता है।

थैलेसेमिया के लक्षण

- थैलेसीमिया माइनर–इसमें अधिकतर मामलों में कोई लक्षण नजर नहीं आता है। कुछ रोगियों में रक्त की कमी या एनीमिया हो सकता है।
- थैलेसीमिया मेजर–जन्म के 3 महीने बाद कभी भी इस बीमारी के लक्षण नजर आ सकते हैं।
- बच्चों के नाखून और जीभ पीली पड़ जाने से पीलिया/जौंडिस का भ्रम पैदा हो जाता है।
- बच्चे के जबड़ों और गालों में असमान्यता आ जाती है।

- बच्चे की विकास रूक जाती है और वह उम्र में काफी छोटा नजर आता है।
- सूखता चेहरा
- वजन न बढ़ना
- हमेशा बीमार नजर आना
- कमजोरी
- सांस लेने में तकलीफ

थैलेसीमिया के प्रकार
(Types of Thalassemia)

थैलेसीमिया तब होता है। जब एक जीन में दोष होता है। जो इन प्रोटीनों में से एक के उत्पादन को नियंत्रित करने में मदद करता है। थैलेसीमिया एक रक्त विकार है। जो अनुवांशिक कारणों से होता है। थैलेसीमिया के दो मुख्य प्रकार है।

1. **अल्फा थैलेसीमियाः**–अल्फा थैलेसीमिया तब होता जब अल्फा ग्लोबिन प्रोटीन से संबंधित जीन या जीन गायब या परिवर्तित (उत्परिवर्तित) होते है। यह सबसे अधिक दक्षिण पूर्व एशिया, मध्य पूर्व चीन और अफ्रीकी मूल के लोगों में होता है।

2. **बीटा थैलेसीमियाः**–यह तब होता है। जब समान जीन दोष बीटा ग्लोबिन प्रोटीन के उत्पादन को प्रभावित करती है। यह भूमध्यसागरीय के लोग को चीनी, अन्य एशियाई, अफ्रीकी अमेरीकी लोग बीटा थैलेसीमिया से ज्यादातर प्रभावित होते है। यह दो प्रकार के होते है।

   1. **थैलेसीमिया मेजरः**–इसको विकसित करने के लिए माता–पिता दोनों से जीन दोष का वारिस होना चाहिए। इसको कोलेलि एनिमिया भी कहा जाता है।
   2. **थैलेसीमिया माइनरः**–यदि केवल माता–पिता या पिता केवल एक से दो पूर्ण जीन प्राप्त करते हैं तो थैलेसीमिया माइनर होता है। इस रूप वाले लोग रोग के वाहक है।

थैलेसेमिया के कारण

थैलेसेमिया यह एक अनुवांशिक रोग है और माता अथवा पिता या दोनों के जींस में गड़बड़ी के कारण होता है। रक्त में हीमोग्लोबिन 2 तरह के प्रोटीन से बनता है—अल्फा और बीटा ग्लोबिन। इन दोनों में से किसी प्रोटीन के निर्माण वाले जीन्स में गड़बड़ी होने पर थैलेसेमिया होता है।

थैलेसीमिया के उपचारः—थैलेसीमिया के उपचार के लिए सबसे पहले रक्त की जाँच कराना चाहिए। जिससे उसकी गम्भीरता का पता करके डाक्टर के सलाह से इलाज कराना चाहिए। जिसमें ब्लड ट्रांसफ्यूजन, अस्थि मज्जा प्रत्यारोपण, औषधि, प्लीहा या पिताश्य की थैली को हटाने के लिए सर्जरी। यदि डाक्टर विटामिन आयरन या पूरक न लेने की सलाह देता है। तो वह निर्देश का पालन करना होता है। क्योंकि आयरन ऊतकों का निर्माण करता है। जो संभावित रूप से घातक हो सकता है। थैलेसीमिया एक अनुवांशिक रोग है। जिसे रोका नहीं जा सकता है। नियमित व्यायाम, तैराकी, योग से काफी सुधार किया जा सकता है।

21. Sickle Cell Disease: सिक्कल कोशिका रोग

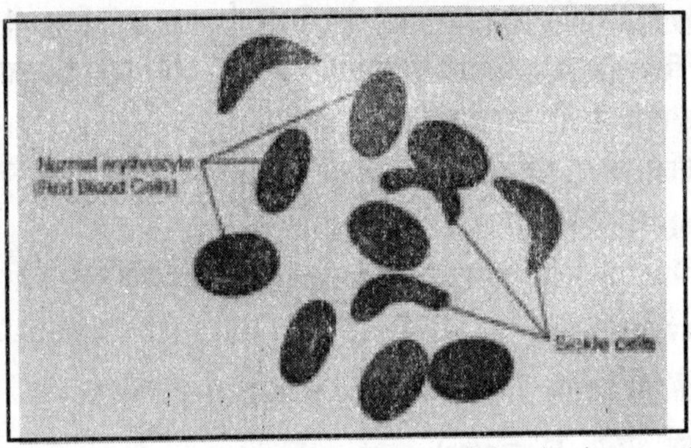

"सिक्कल कोशिका रोग से होमोलेटिक विकृत अभिप्रेत है जो रक्त की अत्यंत कमी, पीड़ा दायक घटनाओं और जो सम्बद्ध टिशुओं और अंगों को नुकसान से विभिन्न जटिलताओं में परिलक्षित होता है, हेमोलिटिक लाल रक्त कोशिकाओं की कोशिका झिल्ली के नुकसान को निर्दिष्ट करता है जिसका परिणाम हीमोग्लोबिन का निकलना होता है।"

–दिव्यांगजन अधिकार अधिनियम, 2016

मानव शरीर की लाल रक्त कोशिकाओं में होने वाली अनियमित वृद्धि को सिक्कल सेल एनीमिया कहते हैं। इस समस्या को नजर अंदाज करना ठीक नहीं है। यह एक गंभीर बीमारी है जिसमें शरीर में दरांती (हसुंवा) के आकार जैसी अर्थात् अर्द्धचंद्राकार लाल कोशिकाएं (रेड ब्लड सेल्स) विकसित होने लगती है। सामान्य लाल रक्त कोशिकाएं डिस्क के आकार जैसी होती हैं और केंद्र में बिना छिद्रों के छल्ले जैसे दिखाई देती हैं। वो रक्त वाहिकाओं में सुगमता से संचार करती हैं।

सिक्कल कोशिका रोग के लक्षण

जिन किशोरों में सिक्कल सेल एनीमिया होता है उनमें पीलिया के लक्षण दिख सकते हैं। पीलिया की स्थिति में लाल रक्त कोशिकाएं ज्यादा मात्रा में नष्ट होती हैं। जिसकी वजह से रोगी की आंखों और त्वचा में पीलापन दिखायी देने लगता है। सिक्कल सेल एनीमिया से ग्रस्त लोगों में सीने, पेट, बांहों, पैरों और शरीर के अन्य हिस्सों में दर्द की शिकायत होती है। जिन अंगों के क्षेत्र में सिक्कल सेल के कारण रक्त का संचार बंद हो जाता है वहां दर्द की

समस्या शुरू हो जाती है। थकान महसूस होना या संक्रमण से लड़ने में समस्या पेश आना भी सिक्कल सेल एनीमिया का लक्षण है। इसके अलावा जब लोग सिक्कल सेल बीमारी से ग्रस्त होते हैं जो सीने में दर्द, बुखार, कफ और सांस लेने में भी समस्या होती है।

- सिक्कल सेल एनीमिया के सबसे आम लक्षण एनीमिया और दर्द (Pain) से जुड़े होते हैं।
- एनीमिया के लिए आम लक्षणों (Symptoms) में शामिल हैं।
- थकान (Fatigue)
- साँसों की कमी
- चक्कर आना (Dizziness)
- सरदर्द (Headache)
- हाथों (Hands) और पैरों (Feet) में शीतलता (Coldness)
- पीली त्वचा (Pale Skin)
- छाती में दर्द (Chest Pain)
- पूरे शरीर में अचानक दर्द सिक्कल सेल एनीमिया का एक आम लक्षण है। इस दर्द को "सिक्कल सेल संकट" (Sickle Cell Crisis) कहा जाता है, और अक्सर हड्डियों (Bones), फेफड़ों (Lungs), पेट (Abdomen) और जोड़ों (Joints) को प्रभावित (Affects) करता है।

Sickle Cell Disease सिकल सेल रोग कई प्रकार के होते है। सबसे आम प्रकार निम्न है।

1. सिक्कल सेल एनीमिया
2. सिक्कल हीमोग्लोबिन–C डिजीज
3. सिक्कल बीटा–प्लस थैलेसीमिया
4. सिक्कल हीमोग्लोबिन–डी रोग
5. सिक्कल हीमोग्लोबिन–ओ रोग

1. सिक्कल सेल एनीमियाः–जब एक बच्चे को प्रत्येक माता–पिता से एक प्रतिस्थापन बीच ग्लोबिन जीन (सिक्कल सेल जीन) विरासत में मिलता है, तो बच्चे में सिक्कल सेल एनीमिया की उच्च आवृति होती है। यह ज्यादातर अफ्रीकी और भारतीय वशंज में पाया जाता है।

2. सिक्कल हीमोग्लोबिन–C डिजीजः–सिक्कल हेमोग्लोबिन–सी डिजीज वाले व्यक्तियों में उनके बीटा ग्लोबिन जीन में थोड़ा अलग प्रतिस्थापन होता है। जो हीमोग्लोबिन C और हीमोग्लोबिन दोनों पैदा करता है। सिकल हेमोग्लोबिन–सी रोग सिकल सेल के समान लक्षण पैदा कर सकता है। एनीमिया एक उच्च रक्त गणना स्तर के कारण कम एनीमिया होती है। यह पश्चिमी अफीकी, भूमध्यसागरीय और मध्य पूर्वी वंश के लोगों में ज्यादा देखा जाता है।

3. सिक्कल बीटा–प्लस थैलेसीमियाः–सिक्कल बीटा थैलेसीमिया रोग वाले व्यक्तियों में भी बीटा ग्लोबिन जीन दोनों में प्रतिस्थापन होते है। रोग की गंभीरता सामान्य बीटा ग्लोबिन के उत्पादन की मात्रा के अनुसार भिन्न होती है। जब कोई बीटा ग्लोबिन का उत्पादन नहीं होता है। तो लक्षण लगभग सिक्कल सेल एनीमिया के समान होते हैं। गंभीर मामलों में क्रोनिक रक्त संक्रमण की आवश्यकता होती है। ये भूमध्य और केरेबियन के लोगों के वंशज में देखा गया है।

4. सिक्कल हीमोग्लोबिन–डी रोगः–हीमाग्लोबिन डी जो बीटा ग्लोबिन जीन का एक अलग प्रतिस्थापन है। सिक्कल हीमोग्लोबिन–डी रोग से ग्रसित व्यक्तियों में गंभीर एनीमिया और कभी–कभी दर्द भी होते है। ये एशियाई और लैटिन अमेरिकी के वंशज में पाया गया है।

5. सिक्कल हीमोग्लोबिन–ओ रोगः–सिक्कल हीमोग्लोबिन वाले व्यक्तियों–ओ रोग में सिक्कल सेल एनीमिया के लक्षण हो सकते हैं। यह अरब, उत्तरी अफीकी और पूर्वी भूमध्यसागरीय रेगिस्तान के लोग के वंशज में पाया गया है।

सिक्कल कोशिका रोग के कारण

सिक्कल सेल एनीमिया किन कारणों से होता है इसकी जानकारी होना बहुत जरूरी है। जीन में होने वाले अनियमित बदलाव जो शरीर में हीमोग्लोबीन के निर्माण को प्रेरित करते हैं के कारण सिक्कल सेल एनीमिया होता है। कई बार यह समस्या अनुवांशिक भी हो सकती है। अगर यह समस्या परिवार में से किसी को है या अगर माता–पिता में से किसी एक को यह समस्या है तो संतान में इस बीमारी के लक्षण दिखायी दे सकते हैं।

उपचार

सिकल सेल रोग जन्म के तुरन्त बाद परीक्षण किया जा सकता है। यदि परिणाम सकारात्मक है। तो बच्चे को बाल रोग विशेषज्ञ या स्थानीय सिकल सेल केंद्र में जाकर बच्चों का इलाज करा सकते है। सिकल सेल रोग की उपचार निम्न प्रकार से किया जा सकता है।

1. पेनिसिलिनः—पेनिसिलिन की निदान के तुरन्त बाद शुरू किया जाता है। (आमतौर पर 2 महीने की उम्र से पहले), 5 वर्ष की आयु तक प्रतिदिन दो बार पेनिसिलिन लेना गंभीर जीवाणु संक्रमण को कम करने के लिए उपयोगी है।

2. टीकाकरणः—टीकाकरण भी गंभीर जीवाणु संक्रमण को कम कर सकता है।

3. रक्त आधानः—रक्त आधान का उपयोग सिकल सेल रोग की विशिष्ट जटिलताओं के इलाज के लिए किया जा सकता है। जैसे गंभीर एनीमिया या तीव्र छाती सिंड्रोम एक फैफड़े की जटिलता। इसके अलावा, सिक्कल–सेल रोग वाले मरीजों को स्ट्रोक का सामना करना पड़ता है। इन समस्याओं को रोकने के लिए मासिक समय पर रक्त आधान प्राप्त करते हैं।

4. हाइड्रोक्सीयूरियाः—सिक्कल सेल बीमारी के इलाज के लिए हाइड्रोक्सीयूरिया एकमात्र एफडीए द्वारा अनुमोदित दवा है। हाइड्रोक्सीयूरिया एनीमिया और सिक्कल सेल रोग जैसे दर्द और तीव्र छाती सिंड्रोम की जटिलताओं को कम करने के लिए उपयोगी है।

5. बोन मैरो ट्रांसप्लांटेशनः—सिक्कल सेल बीमारी के लिए बोन मैरो ट्रांसप्लांटेशन ही एकमात्र इलाज है। इस उपचार के लिए सबसे अच्छी सफलता तब मिलती है। जब एक मिलान सिबलिंग स्टेम सेल दान करने में सक्षम होता है।

सन्दर्भ ग्रन्थ–सूची

- के.जी. सैयदैन : *"शिक्षा की पुनर्रचना"*, राजकमल प्रकाशन, पटना, 1964।
- धनञ्जय जोशी : *"नैतिक शिक्षा एवं नागरिक बोध"*, कनिष्क पब्लिशर्स, डिस्ट्रीब्यूटर्स, दिल्ली, 2005।
- सोनी, रामगोपाल : *"उदयोन्मुख भारतीय समाज में शिक्षा के नए आयाम"*, एच.पी. भार्गव बुक हाउस, आगरा, 1998।
- अराधना मटानिया : 'दिव्यांगता का परिचय' कनिष्क पब्लिशर्स, डिस्ट्रीब्यूटर्स, नई दिल्ली, 2020
- एस. के. मंगल एवं शुभा मंगल : *"प्रारम्भिक मनोविज्ञान"*, आर्य बुक डिपो, करोल बाग, नई दिल्ली।
- उपाध्याय, प्रो. बलदेव : *"भारतीय दर्शन"*, शारदा मन्दिर, वाराणसी, 1960।
- कृष्णन सर्वपल्ली एस. डॉ. राधा : *"भारतीय दर्शन, भाग–2"*, राजपाल एंड संस, कश्मीरी गेट, दिल्ली, 1979।
- सक्सेना, लक्ष्मी : *"समकालीन भारतीय दर्शन", हिन्दी ग्रंथ अकादमी, लखनऊ, उत्तर प्रदेश, 1974।*
- सिंह, डॉ. आर.आर. : *"नैतिकता के लिए शिक्षा"*, आर.बी.एस.ए., जयपुर।
- सिंह, डॉ. आर.पी. : *"शिक्षा एवं भारतीय समाज"*, विनोद पुस्तक मन्दिर, आगरा।
- कोठारी, डी.एस. : *"शिक्षा आयोग की रिपोर्ट (1964–66)"*, शिक्षा मंत्रालय, भारत सरकार, दिल्ली, 1968।

- योगेन्द्रजीत : *"विकासात्मक मनोविज्ञान"*, विनोद पुस्तक मंदिर, आगरा।
- ओड लक्ष्मीलाल के. : *"शिक्षा की दार्शनिक पृष्ठभूमि"*, राजस्थान ग्रंथ अकादमी, जयपुर, 1988।
- मिश्र, डॉ. उमेश : *"भारतीय दर्शन"*, सूचना विभाग, उत्तर प्रदेश, लखनऊ, 1957।
- यादव, जे.पी., सुबह सिंह : *"भारतीय शिक्षा प्रवृत्तियाँ व आयाम"*, प्वॉइंटर पब्लिशर्स, जयपुर।
- रॉस, जे.एस. : *"ग्राउंड वर्क्स ऑफ एजुकेशनल थ्योरी"*, लंदन, जार्ज जी. हार्प एंड कंपनी, 1947।
- रॉस, जे.एस. : *"शिक्षा सिद्धांत के मूल आधार"*, एस. चन्द्र एंड कंपनी, नई दिल्ली, 1962।
- शर्मा, आर.बी. : *"भारतीय दर्शन"*, भारतीय भवन पब्लिशर्स एंड डिस्ट्रीब्यूटर्स, 1991।
- पुर्नवास के आयाम, समाकलन पब्लिकेशन, वाराणसी, जोसेफ
- मित्तल, एम.एल. : *"उदीयमान भारतीय समाज में शिक्षक"*, इंटरनेशनल पब्लिकेशन, मेरठ।
- मित्तल, एम.एल. : *"शिक्षा सिद्धांत"*, ईगल बुक इंटरनेशनल, मेरठ।
- प्रसाद, विमला : *"उत्तर भारतीय शिक्षा और ज्ञान के कुछ पक्ष"*. पटना, 1974।
- मदन मोहन, मालती सारस्वत : *"भारतीय शिक्षा का इतिहास"*, न्यू कैलाश प्रकाशन, इलाहाबाद, 2009।
- अग्रवाल, एस.के. : *"शिक्षा के तात्विक सिद्धांत"*, राजेश पब्लिशिंग हाउस, मेरठ 1965।
- शर्मा, रजनी, पॉण्डे सत्य प्रकाश : *"शिक्षा समाज और दर्शन"*, आर.बी. एस.ए, जयपुर।
- शर्मा, रामनाथ : *"समकालीन भारतीय शिक्षा दार्शनिक"*, विनीत पब्लिकेशन्स, मेरठ।
- शर्मा, बी.डी. : *"आचार्य शंकर का शिक्षा दर्शन"*, मेरठ विश्वविद्यालय, मेरठ।
- सक्सेना, एन.आर. स्वरूप : *"शिक्षा सिद्धांत"*, इंटरनेशनल पब्लिशिंग हाउस, मेरठ, 1991।